Sara Robles Ávila

Prácticas de audición
fichas con ejercicios fotocopiables

intermedio
avanzado

Autora: Sara Robles Ávila
Editora: Raquel García Prieto
Diseño gráfico: Silvia Centeleghe
Ilustraciones: Angelo Maria Ricci
Portada: Studio Cornell sas

© 2004 - **ELI** s.r.l.
P.O. Box 6 - Recanati - Italia
Tel. +39/071 75 07 01 - Fax +39/071 97 78 51
E-mail: info@elionline.com
www.elionline.com

Impreso en Italia - Tecnostampa - Recanati 04.83.132.0

Con audio CD - ISBN 88 - 536 - 0138 - 8
Con casete - ISBN 88 - 536 - 0139 - 6

ÍNDICE

INTRODUCCIÓN

Escuchar y comprender aquello que alguien dice es una de las cuatro destrezas comunicativas que se han de contemplar en cualquier planificación de un curso de lengua extranjera. No obstante, con frecuencia en los manuales de ELE las prácticas orales se ven reducidas tanto cuantitativa como cualitativamente en favor de las cuestiones gramaticales y, en general, de las actividades de escritura. Consecuencia de lo anterior es que el docente agota con rapidez los ejercicios de audición que proponen los libros de texto. De la necesidad de aportar tareas específicas que se concentren en la enseñanza-aprendizaje de las destrezas auditivas surge este trabajo.

¿A quién va dirigido este material?

Estas actividades están destinadas a jóvenes estudiantes de español como lengua extranjera de los niveles intermedio y avanzado. Están concebidas como material adicional, muy adecuado como complemento del manual que el profesor emplee en el aula. Al ser fotocopiable, el libro presenta grandes ventajas. Por una parte, no formará parte de la lista de textos obligatorios que los padres tendrán que comprar al principio del curso. Por otra parte, el profesor las puede distribuir en clase fácilmente para trabajarlas y después el alumno se las puede llevar a casa, junto con la transcripción de las audiciones, para repasar los contenidos que ha aprendido.

¿Cómo usar este material fotocopiable?

El libro se compone de 30 unidades, cada una de las cuales está desarrollada en una única página. Cada unidad se puede realizar en cuarenta minutos aproximadamente. Se ha seguido una secuenciación basada en la linealidad gramatical y en las áreas temáticas de mayor interés y utilidad para el alumno pre-adolescente y adolescente. No obstante, la estructura del libro se puede alterar, siempre que el profesor lo considere oportuno.

Dado que la lengua española presenta una gran complejidad gramatical, se ha optado por elaborar unidades centradas en distintas cuestiones de morfología verbal y nominal que servirán para repasar, reforzar e, incluso, evaluar la correcta adquisición de las mismas, ahora enfocadas desde las destrezas orales. Pero, por otra parte, dichas cuestiones gramaticales se presentan dentro de un contexto comunicativo preciso que, además, le proporcionará al alumno las herramientas léxicas que necesita para desenvolverse en él. Las situaciones de comunicación se han seleccionado minuciosamente teniendo en cuenta tanto el interés que puede despertar en el alumno como la necesidad de adquirir un léxico útil y de uso frecuente.

Además de los aspectos gramaticales y léxicos que se introducen en las actividades auditivas que componen este libro, no se ha querido prescindir del componente estrictamente fonético y, para ello, se ha propuesto la unidad 24, orientada en exclusiva a la pronunciación de ciertos fonemas españoles que resultan más dificultosos y problemáticos para el alumno extranjero. Pero, como es bien sabido, aprender una lengua implica no sólo dominar los aspectos puramente lingüísticos, ya sean fónicos, léxicos, gramaticales, etc., sino también conocer las costumbres, las formas de vida, los hábitos y los comportamientos sociales de los hablantes de esa lengua. Por este motivo hemos elaborado las unidades 5,18, 21, 22 y 23, en las que intentamos acercar al estudiante extranjero a determinados temas de la cultura española: geografía, la vida social, las fiestas navideñas, tradiciones, etc.

El libro cuenta con un índice de contenidos que permitirá localizar con rapidez los aspectos gramaticales, las áreas temáticas, el vocabulario y las actividades que aparecen en cada unidad.

Es conveniente que el profesor se familiarice con el libro, en general, y con cada unidad, en particular, antes de llevarla al aula ya que, de este modo, podrá determinar si el alumno necesita explicaciones previas sobre el contenido gramatical o sobre alguna palabra clave del espacio de comunicación que muestra la unidad.

Se recomienda que las grabaciones se escuchen más de una vez y que, si los alumnos no se sienten capaces de oírlas completas, el profesor las segmente o las pare cuando considere necesario.

Resumen de las principales ventajas de este material de audiciones fotocopiable

1 Son documentos auténticos de expresión oral en español.

2 Las unidades son breves y, por tanto, pueden ser trabajadas en el tiempo en que suele durar una clase de español como lengua extranjera.

3 Presentan situaciones comunicativas de interés y utilidad para el alumno pre-adolescente y adolescente de los niveles intermedio y avanzado.

4 Son muy adecuadas para trabajar el vocabulario vinculado a las situaciones de comunicación que se muestran.

5 Recogen cuestiones gramaticales secuenciadas linealmente.

6 Aportan información cultural sobre España y sus gentes.

7 Propician la producción oral de los alumnos y el intercambio verbal dentro del aula.

8 Algunas unidades introducen, además, ejercicios de expresión escrita.

9 En ocasiones, ciertas unidades también proponen prácticas de lectura.

CONTENIDOS

CONTENIDOS

1. Una chica va a la comisaría para solicitar su carnet de identidad. Un policía le pregunta sus datos. Escucha la primera parte y rellena el documento.

2. Tres personas han ganado un viaje al Caribe en un concurso. Escucha la entrevista que les hacen en la radio (grabación 2) y rellena el siguiente cuadro con la información correspondiente.

	Personaje 1	Personaje 2	Personaje 3
Nombre y apellidos:			
Residente en:			
Estado civil:			
Hijos:			
Profesión:			

1. Relaciona cada objeto con su palabra correspondiente.

monitor
altavoces
ratón
impresora
teclado
escáner
micrófono

2. Escucha la audición y contesta brevemente estas preguntas.

1 ¿Desde cuándo tiene Sara ordenador?

2 ¿Con qué frecuencia lo usa?

3 ¿Para qué usa Internet?

4 ¿Cuántas palabras escribe por minuto?

5 ¿Cuánto tiempo pasa jugando con el ordenador?

6 ¿Qué hace para evitar perder información?

3. Completa las frases. Después escucha de nuevo la grabación y comprueba tus respuestas.

correos
electrónicos
copias
chatear
página web
conectar
programa
navegar

1 Con el ordenador me puedo _____ a Internet.

2 Me encanta _____ por la red.

3 Con sólo mover el ratón puedo llegar a cualquier _____ .

4 Puedo corregir las faltas de ortografía porque tengo un
   _____ corrector.

5 Cada día recibo más de cinco _____ .

6 A veces quedo con algunos amigos para _____ .

7 Para evitar problemas es conveniente hacer _____ de seguridad.

(3) UN HORARIO MUY APRETADO

1. Escucha la primera parte de la grabación y completa el horario semanal de clase de Marta.

	lunes	martes	miércoles	jueves	viernes
8:30 - 9:30					
9:30 - 10:30					
10:30 - 11:30					
11:30 - 12:30					
12:30 - 13:30					

2. La profesora de Marta quiere hacer una visita cultural a Madrid con sus alumnos. Escucha la segunda parte de la grabación y completa los siguientes textos con los horarios correspondientes.

1 El tren:

A Por la mañana sale hacia Madrid: _8:30_ h

B Por la noche llega a Burgos: _____

2 El Museo de Arte Moderno:

A Abre: _____

B Cierra: _____

3 El Museo de Ciencias:

A Abre: _____

B Cierra: _____

1. ▶ **Relaciona cada producto de esta tienda con su nombre. Después, escucha la grabación y completa los letreros con el precio de cada producto.**

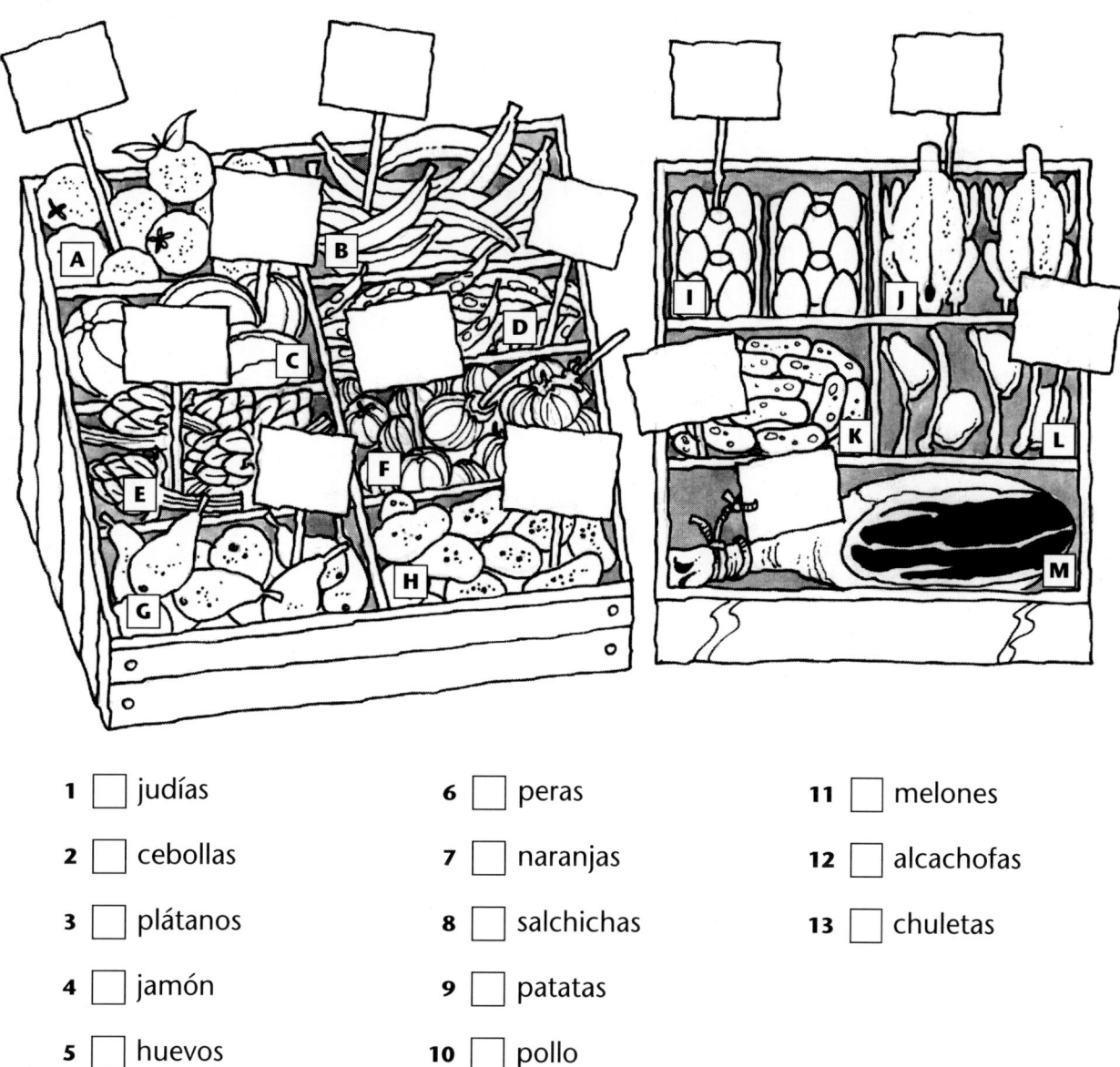

1 ☐ judías	**6** ☐ peras	**11** ☐ melones
2 ☐ cebollas	**7** ☐ naranjas	**12** ☐ alcachofas
3 ☐ plátanos	**8** ☐ salchichas	**13** ☐ chuletas
4 ☐ jamón	**9** ☐ patatas	
5 ☐ huevos	**10** ☐ pollo	

2. ▶ **Escucha de nuevo la grabación y contesta estas preguntas.**

1 ¿Cuántos quilos de patatas compra la mujer? _____

2 ¿Qué fruta compra? _____

3 ¿Qué compra el hombre en la carnicería? _____

4 ¿Cuántos quilos de salchichas compra? _____

5 ¿Qué producto está de oferta en la carnicería? _____

1. **Aquí tienes algunos datos sobre España.**

Escucha la grabación y completa la información. Presta mucha atención porque vas a escuchar cifras muy altas.

Superficie: _____   Kilómetros de costa: _____

Kilómetros de fronteras terrestres: _____

Población: _____   Capital y población: _____

Principales ciudades españolas en cuanto al número de habitantes:

   Barcelona _____, Valencia _____ y Sevilla _____

Esperanza de vida al nacer: Hombres: _____   Mujeres: _____

Número de hijos por familia: _____

2. **Aquí tienes más información sobre España.**

Léela y luego intenta hacer un resúmen oral con la ayuda de éste mapa.

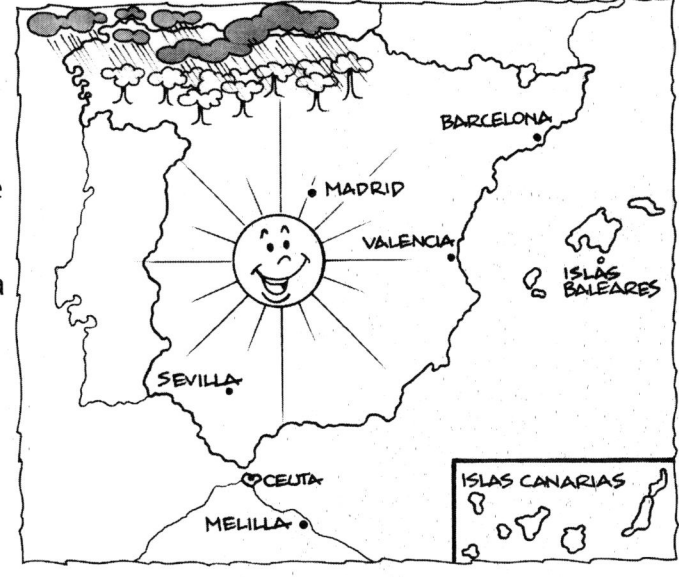

España y Portugal constituyen la Península Ibérica, la más occidental de las tres grandes penínsulas del sur de Europa. Además del territorio de la Península Ibérica, también forman parte de la nación española las Islas Baleares -al este-, las Islas Canarias -al sur, frente a la costa africana- y dos ciudades españolas en el norte de África: Ceuta y Melilla.

España limita al norte con el mar Cantábrico, Francia y Andorra; al este, con el mar Mediterráneo; al sur con el mar Mediterráneo y el océano Atlántico, y al oeste con el océano Atlántico y Portugal. Fueron los romanos quienes dieron, en el siglo segundo antes de Cristo, el nombre de Hispania, una palabra de origen fenicio que significaba `tierra de conejos´.

Aunque España se encuentra en una zona templada, su accidentado relieve da lugar a una gran diversidad de climas. En términos de superficie, la España lluviosa, al norte, ocupa un tercio del país, mientras que los otros dos tercios corresponden a la España seca.

En cuanto a la vegetación, se distinguen dos paisajes muy diferentes: la España verde, con sus extensos bosques y sus ricos campos de hierba; y la España mediterránea, con pocos bosques y tierras que se han adaptado a la sequedad de verano.

1. ▶ **Completa el texto con las palabras del recuadro. Después escucha la primera parte y comprueba tus respuestas.**

marcas
cabina telefónica
tono
paso
monedas
colgar
devuelto
número

Abuela: Perdone, ¿hay alguna _____ cerca de aquí?

Chico: Sí, al final de esta calle, a la izquierda, hay una.

Abuela: Muchas gracias.

Nieta: Mira, abuela, aquí está.

Abuela: Sí, entra. Por favor, hija, no me he traído las gafas y no veo bien. Yo te digo el número y tú _____, ¿de acuerdo? Toma las _____.

Nieta: Vale, ¿cuál es el número de teléfono del tío Juan?

Abuela: El 987-54 46 48 (...) ¿Hay _____?

Nieta: La operadora dice que el número marcado no existe. Voy a _____ y marco otra vez.

Abuela: ¿Te ha _____ el dinero?

Nieta: Sí, repíteme el _____, por favor.

Abuela: 987-54 46 48

Nieta: Ahora sí está haciendo llamada. (...) Hola tío, soy Marta, la abuela quiere hablar contigo, te _____ con ella. (...) Toma, coge el teléfono, abuela.

2. ▶ **Los siguientes personajes no pueden hablar con quienes desean por diferentes razones. Escucha la segunda parte y relaciona cada diálogo con la situación que le corresponda. Tres de ellas no están en los diálogos.**

A ☐ el teléfono está estropeado

B ☐ está comunicando

C ☐ las líneas están sobrecargadas

D ☐ la persona con la que quiere hablar no está en casa

E ☐ sale el contestador automático

F ☐ no hay tono

G ☐ ha cambiado el número de teléfono

H ☐ se ha equivocado de número de teléfono

1. ▶ **Escucha la primera parte y completa los diálogos.**

1 Por favor, ¿_____ a la catedral?

Sí, _____ todo recto y tome la tercera calle a la izquierda.

Gracias, muy amable.

2 Por favor, ¿sabe cómo _____ a la estación de trenes de cercanía?

Está lejos para ir andando. Mejor _____ el autobús 21 y baje en la

tercera parada.

¿Y dónde _____ la parada del autobús 21?

Está justo al _____ la esquina.

3 Oiga, por favor, ¿_____ dónde está el Palacio Real?

_____, no soy de aquí.

2. ▶ **Mira el plano y escucha la segunda parte. Trata de descubrir a qué lugares quieren ir las cinco personas que piden información en la oficina de turismo.**

1 _____

2 _____

3 _____

4 _____

5 _____

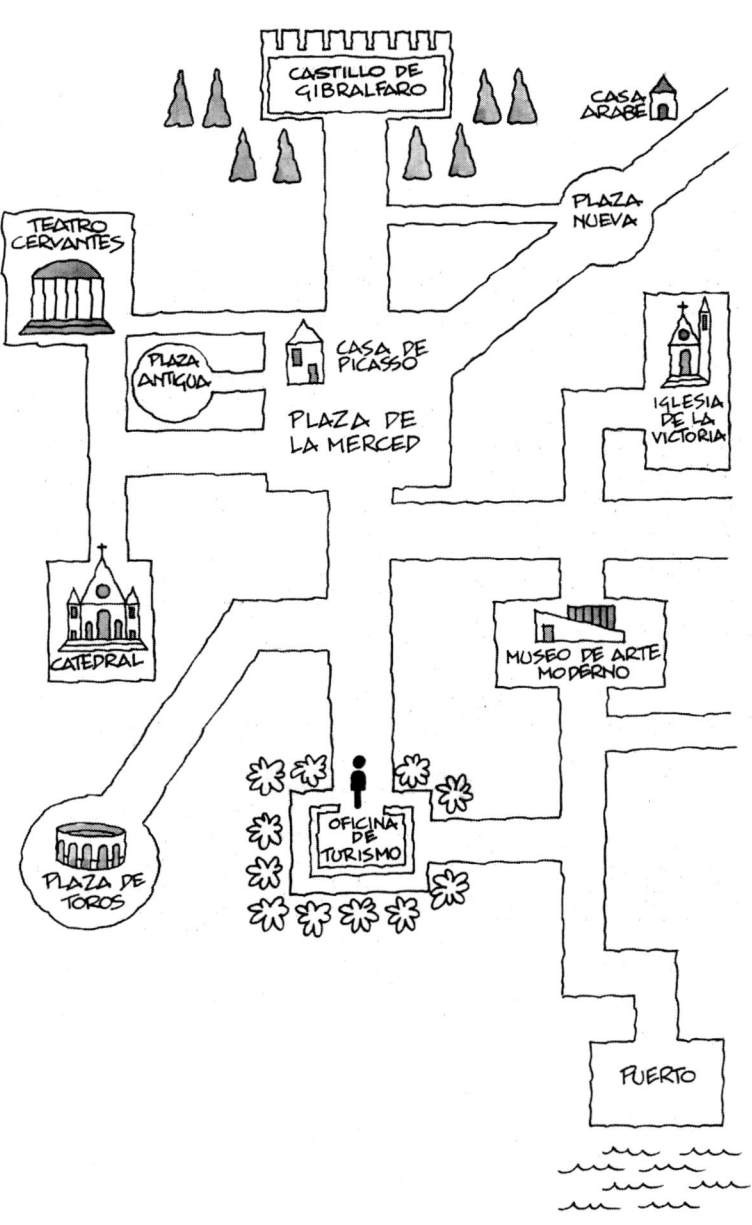

1. Los García se han mudado y toda la familia está ayudando a organizar la nueva cocina. Relaciona cada objeto con su nombre correspondiente.

| sartén |
| olla |
| copas |
| abridor |
| cazo |
| servilleta |
| espumadera |

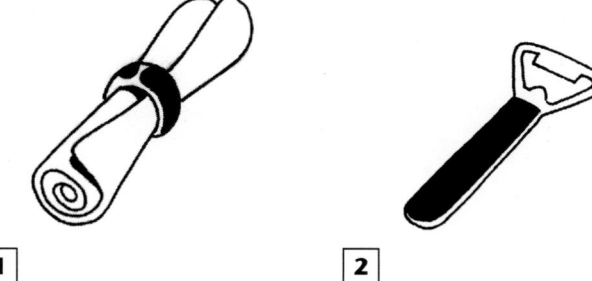

1 ....

2 ....

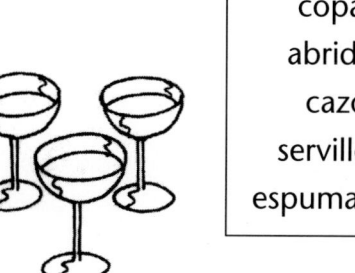

3 ....

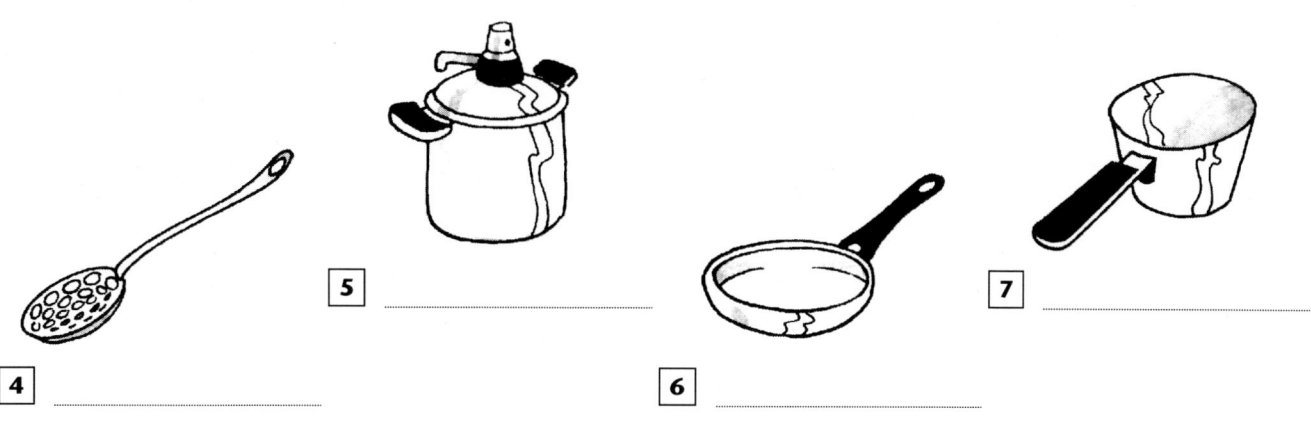

4 ....

5 ....

6 ....

7 ....

2. Ahora escucha la grabación y dibuja cada objeto del ejercicio anterior en el lugar que se indica. ¡Pon a prueba tus dotes artísticas!

1. Relaciona cada dibujo con la palabra correspondiente.

cheques de viaje
billetes de avión
cámara de fotos
maleta
agencia de viajes
guía

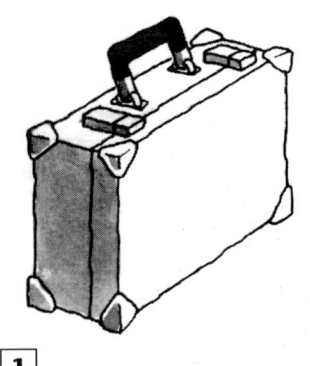

1 _____

2 _____

3 _____

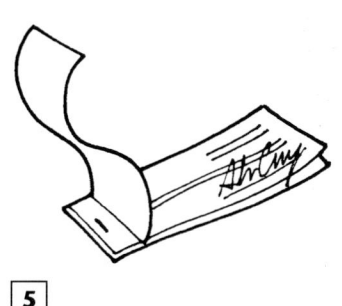

4 _____

5 _____

6 _____

2. Escucha la grabación y contesta brevemente estas preguntas.

1 ¿Adónde va Marta de viaje? _____

2 ¿Con quién va a viajar? _____

3 ¿Cuánto cuesta el seguro de viajes? _____

4 ¿Qué le pide Marta a su madre? _____

5 ¿Cómo va a ir Marta al aeropuerto? _____

3. Escucha de nuevo la grabación y señala las cosas que Marta no ha hecho todavía.

1 ☐ reservar el viaje

2 ☐ recoger los billetes de avión de la agencia de viajes

3 ☐ pagar el seguro de viajes

4 ☐ recoger los cheques de viaje

5 ☐ preparar la maleta

6 ☐ comprar algunas cosas necesarias

7 ☐ escoger la ropa

1. ▶ **Relaciona las preguntas de la columna de la izquierda con las respuestas de la columna de la derecha. Luego escucha la primera parte.**

1 ☐ ¿Cuánto tiempo llevas estudiando español?

2 ☐ ¿Practicas tu español fuera de clase?

3 ☐ ¿Eres capaz de comunicarte en español?

4 ☐ ¿Has estado alguna vez en un país de habla hispana?

5 ☐ ¿Cómo se te da el español?

6 ☐ ¿Qué es lo que más te gusta de la lengua española?

7 ☐ ¿Por qué estudias español?

A Sí, hace tres años estuve en Perú.

B Sí, porque las clases que recibo son muy prácticas.

C Su sonido, me encanta la musicalidad del español.

D Porque es una lengua muy importante en el mundo.

E Un año y medio.

F Sí, a veces mis amigos y yo charlamos un poco.

G Bastante bien. He aprendido mucho en muy poco tiempo.

2. ▶ **Dos estudiantes están hablando de las escuelas de español donde estudiaron el verano pasado. Escucha la segunda parte y anota en el cuadro la información que se pide.**

	Estudiante 1	Estudiante 2
Nombre de la escuela		
Duración del curso		
Número de horas de clase a la semana		
Número de alumnos por clase		
Actividades complementarias		
Precio total		

1. ▶ **Observa las ilustraciones.**
Después escucha la grabación y selecciona la opción correcta.

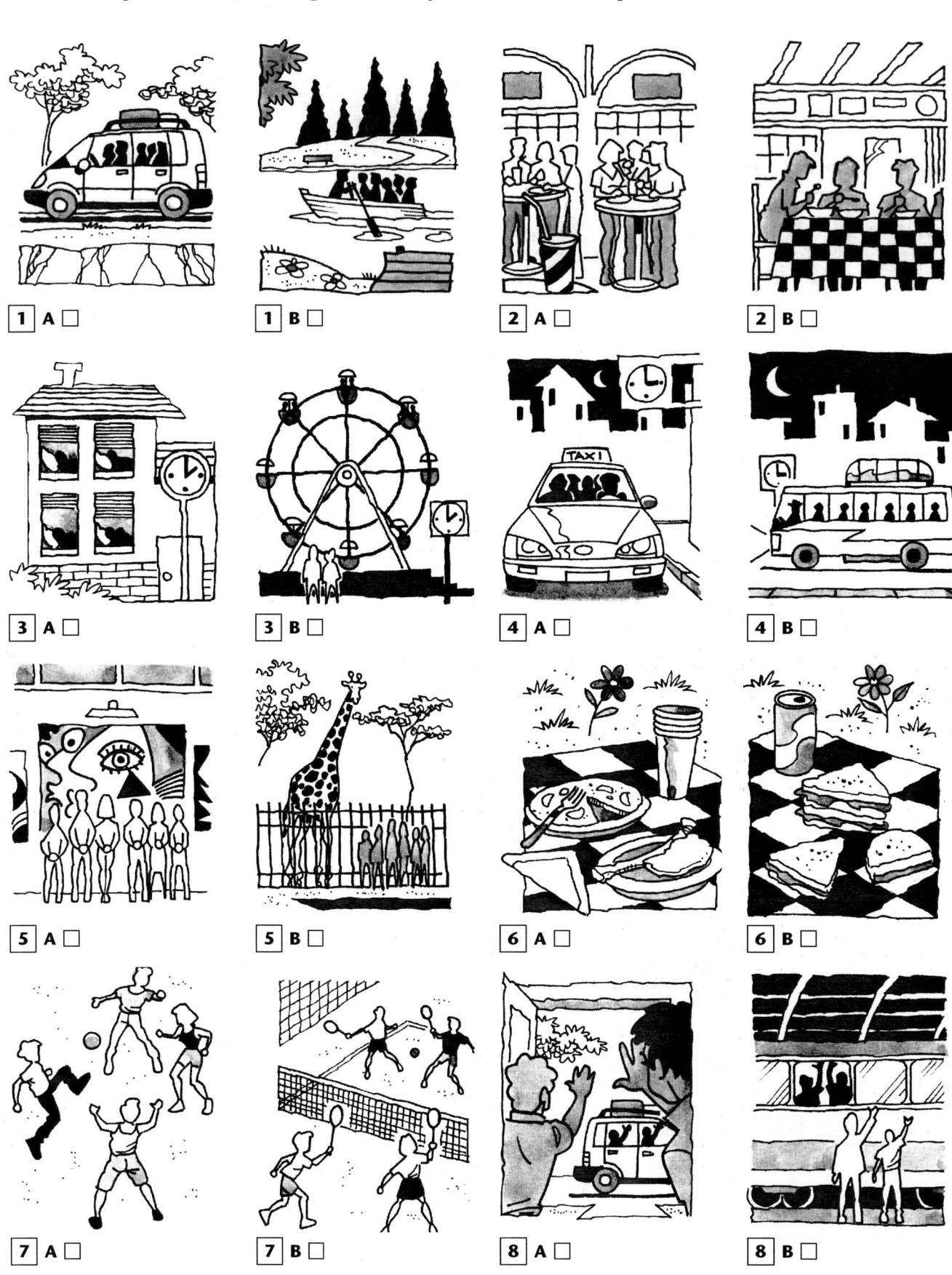

1 A ☐   **1** B ☐   **2** A ☐   **2** B ☐

3 A ☐   **3** B ☐   **4** A ☐   **4** B ☐

5 A ☐   **5** B ☐   **6** A ☐   **6** B ☐

7 A ☐   **7** B ☐   **8** A ☐   **8** B ☐

2. **Ahora cuéntale a tu compañero lo que hiciste el fin de semana pasado.**

1. ▶ **Escucha la primera parte y corrige los errores que aparecen en el curriculum de Sara.**

Agencia Chicas de Oro

1 Nombre: Sara Castro ....

2 Edad: 15 años ....

3 Altura: 1,75 ....

4 Peso: 64 kilos ....

5 Talla: 32 ....

6 Experiencia: Empezó a trabajar hace tres años.

....

7 Proyectos: Ir a la universidad y ser arquitecto.

....

2. ▶ **Escucha la segunda parte y escribe (V) verdadero o (F) falso al lado de cada frase. No olvides corregir las frases falsas.**

	V	F
1 José Peña tiene 31 años.	☐	☐
2 Hace tres años terminó sus estudios en el instituto.	☐	☐
3 Ahora no estudia.	☐	☐
4 Desde hace tres años trabaja de modelo profesional.	☐	☐
5 De pequeño trabajó para una firma infantil.	☐	☐
6 Su agencia actual se llama Jefas.	☐	☐
7 Trabaja sólo durante las vacaciones.	☐	☐
8 Desde que está en esta agencia gana mucho dinero.	☐	☐
9 Con lo que gana se compra sus caprichos.	☐	☐
10 Quiere dedicarse a la pasarela mucho más tiempo.	☐	☐

3. ▶ **Escucha la tercera parte y contesta estas preguntas brevemente.**

1 ¿Desde cuándo se dedica Berta a la moda? ....

2 ¿Cuándo dejó los estudios? ....

3 ¿Por qué dejó sus estudios? ....

4 ¿Cuánto gana por hora? ....

1. Escucha la grabación donde se describe a tres personas desaparecidas. Después completa la tabla.

	Diana Ramos	Juan Pérez	Antoñita Ruiz
Edad			
Características físicas			
Ropa			
Lugar de la desaparición			
Teléfono familiar			

2. Ahora mira estos dibujos. ¿Reconoces a alguna de las personas desaparecidas? Si las ves, escribe dónde están y qué están haciendo.

A ....

B ....

3. Ahora describe lo que están haciendo otros personajes de estas viñetas.

1. Marca lo que está de moda, según tu opinión.

- ☐ chatear
- ☐ los zapatos de tacón
- ☐ los piercings
- ☐ los tatuajes
- ☐ la ropa de color negro
- ☐ fumar
- ☐ hacer top-less en la playa
- ☐ ser ecologista
- ☐ los abrigos de piel de animal
- ☐ beber alcohol en la calle

- ☐ el teléfono móvil
- ☐ ir al teatro
- ☐ el pelo rizado en las mujeres
- ☐ hacer deporte
- ☐ la música dance
- ☐ hacer viajes a lugares exóticos
- ☐ escribir un diario personal
- ☐ la ropa de cuero

2. ▶ Ahora escucha la primera parte y señala las cosas que, según la diseñadora Ángela de la Torre, están de moda. Después vuelve a escuchar la grabación y contesta estas preguntas.

1 ¿Qué opina la diseñadora de los piercings y de los tatuajes?

....

2 ¿Y de los zapatos de tacón?

....

3 ¿Qué piensa de la gente que fuma?

....

4 En su opinión, ¿cuándo usa la gente abrigos de piel de animal?

....

5 Según la diseñadora, ¿cómo se debe llevar el pelo para estar de moda?

....

3. ▶ Escucha la segunda parte y relaciona cada persona con su opinión sobre la moda.

1	☐	Pedro Rosas	**A** Cree que los españoles están bastante preocupados por la moda.
2	☐	Marta Álvarez	
3	☐	Roberto Peña	**B** Desde su punto de vista, la moda es llevar una vida sana.
4	☐	Sara Domínguez	**C** Piensa que la publicidad influye en la moda.
5	☐	Elvira López	**D** En su opinión la moda es muy importante para la economía de un país.
			E Para ella, los que no siguen la moda están fuera de la sociedad.

1. **Escribe la preposición correspondientes a estos verbos, teniendo en cuenta que pueden repetirse. Después, en el ejercicio 2 puedes comprobar tus respuestas.**

a
de
con
por

acordarse _____   encontrarse _____

olvidarse _____   enamorarse _____

ayudar _____   casarse _____

pasear _____   charlar _____

soñar _____   darse cuenta _____

2. **Completa el texto con las preposiciones y los verbos entre paréntesis en pretérito imperfecto o pretérito indefinido, según corresponda. Después escucha la grabación y comprueba tus respuestas.**

Anoche (yo tener) _____ un sueño muy extraño.

(Yo ir) _____ paseando con mi perro _____ un parque y me encontré _____ un

amigo de la escuela que hacía mucho tiempo que no veía. Como hacía mucho calor,

(nosotros decidir) _____ ir a un bar para tomar un refresco. (Nosotros empezar)

_____ a charlar de muchas cosas y me (él contar) _____ que se había

enamorado _____ mi mejor amiga y que se había casado _____ ella hacía quince años.

Yo me (extrañar) _____ mucho porque esa misma mañana yo la había ayudado

_____ hacer unos ejercicios de matemáticas. Sorprendido, fui al servicio y, al mirarme en

el espejo, me di cuenta _____ que mi cara había cambiado: yo (ser) _____ un

hombre de 50 años, con barba, bigote y estaba calvo. Cuando salí del aseo, (yo ver)

_____ que mi amigo también (estar) _____ viejo: (él tener)

_____ el pelo blanco y llevaba gafas. Pensé _____ la extraña transformación que

habíamos tenido. Pero, de pronto, me acordé _____ que (yo tener) _____ que

llevar a mi hija a la clase de piano. Me despedí de mi amigo, (yo salir) _____

corriendo y llegué a mi casa. Cuando abrí la puerta, mi familia (estar) _____

esperándome. Todo acabó cuando el ladrido de mi perro me (despertar) _____

No recuerdo las caras de mis familiares, me he olvidado _____ ellos. Esta noche me voy

a acostar pronto porque me gustaría soñar _____ ellos otra vez.

1. Aquí tienes algunas expresiones temporales. Ordénalas empezando por la más próxima al presente hasta llegar a la más lejana en el futuro.

- [ ] el mes que viene
- [ ] el próximo semestre
- [ ] pasado mañana
- [ ] mañana
- [ ] dentro de cuatro días
- [ ] la próxima semana
- [ ] esta tarde
- [ ] el año que viene
- [ ] dentro de unos minutos
- [ ] ahora

2. ▶ **Marina y su amiga Rosa van a la consulta de una vidente para conocer su futuro. Escucha la primera parte y escribe verdadero o falso al lado de cada frase.**

		V	F
1	Marina tendrá una buena racha próximamente.	☐	☐
2	Irá a la fiesta de una amiga.	☐	☐
3	Alguien intentará robarle la moto.	☐	☐
4	Conocerá a una chica maravillosa.	☐	☐
5	Estudiará Medicina en la universidad.	☐	☐
6	Se casará y tendrá muchos hijos.	☐	☐

3. ▶ **Ahora escucha la segunda parte donde la vidente hace las predicciones para Rosa. Ordena las acciones comenzando por las más próximas al momento actual.**

- **A** [ ] Usará gafas.
- **B** [ ] Conocerá a un chico muy interesante.
- **C** [ ] Irá de viaje en barco por el Mediterráneo.
- **D** [ ] Será la propietaria de muchas peluquerías en todo el país.
- **E** [ ] Aprobará los exámenes.
- **F** [ ] Estudiará peluquería.
- **G** [ ] Se casará y tendrá una hija.
- **H** [ ] Dedicará el resto de su vida a ayudar a los demás.

1. Existen muchos tópicos sobre cuáles son las actividades propias de las mujeres y cuáles de los hombres... En tu opinión, ¿a quién suelen atribuirse las de esta lista?

	H	M			H	M
1 limpiar el polvo	☐	☐	**7** pasar muchas horas en el cuarto de baño		☐	☐
2 roncar	☐	☐				
3 cambiar el canal de la televisión	☐	☐	**8** conducir mal		☐	☐
4 cocinar	☐	☐	**9** ir de compras		☐	☐
5 no saber dónde están las cosas de la casa	☐	☐	**10** dejar sucio el baño		☐	☐
			11 salir con los amigos		☐	☐
6 hablar mucho por teléfono	☐	☐	**12** jugar al fútbol		☐	☐

2. ▶ Los hombres y las mujeres somos iguales, pero también distintos. Escucha la primera parte donde un científico habla de sus estudios sobre los dos sexos. Anota el mayor número posible de datos.

Características de los hombres	Características de las mujeres
_____	_____
_____	_____
_____	_____
_____	_____
_____	_____

3. ▶ Las expresiones de este cuadro sirven para mostrar acuerdo o desacuerdo. Escucha la segunda parte y marca con una cruz cada expresión que oigas en el debate.

Acuerdo total	Acuerdo parcial	Desacuerdo total
☐ Estoy de acuerdo.	☐ Bueno, depende.	☐ No estoy de acuerdo.
☐ Tienes razón.	☐ Es posible, pero…	☐ Yo no lo veo así.
☐ Por supuesto.	☐ Puede ser.	☐ ¡Qué va!
☐ Estoy contigo.	☐ No estoy segura de eso.	☐ De ninguna manera.
☐ Claro que sí.		☐ Eso no es así.

1. **Aquí tienes algunas tapas españolas.**
¿Las reconoces? Escribe sus nombres.

| jamón serrano |
| tortilla de patatas |
| boquerones en vinagre |
| queso |
| chorizo |
| paella |

1 _____

2 _____

3 _____

4 _____

5 _____

6 _____

2. ▶ **Escucha la grabación y completa el siguiente texto.**

El origen de las tapas hay que buscarlo en el siglo _____, en una ley que dictó Alfonso _____ el Sabio para evitar los efectos del alcohol en la corte. El monarca prohibió a los mesoneros de _____ servir vino si no iba _____ de algo de comida. A partir de ese momento comenzaron a _____ encima de las jarras de vino un poco de pan con una _____ de jamón, un _____ de queso, una _____ de chorizo, etc. Estos alimentos _____ el vino, de ahí el nombre de tapas. Hoy día las tapas continúan _____ muy populares en España y tapear es una _____ en la mayoría de ciudades y pueblos. Se siguen _____ para acompañar la bebida, normalmente vino o _____. Las tapas pueden ser frías, como la tortilla de patatas, las ensaladillas, o los _____; o calientes, como los _____, la paella o los calamares _____. Las tapas suelen tomarse antes del almuerzo y de la cena, aunque a veces, si son muy abundantes, llegan a _____ a estas comidas. _____ se toman con los amigos, en las _____ de los bares y de _____. Tapear, por tanto, es en la cultura española un acto social que nos permite _____, relacionarnos con los demás al mismo tiempo que _____ buenos alimentos.

1. ▶ **Marta vive durante el curso escolar en una residencia de estudiantes. Escucha la grabación y señala las cosas de las que se habla.**

- ☐ fútbol
- ☐ visitas
- ☐ salidas
- ☐ decoración
- ☐ fumar
- ☐ comida

- ☐ música
- ☐ padres
- ☐ limpieza
- ☐ gimnasio
- ☐ beber alcohol
- ☐ teléfono

2. ▶ **Escucha de nuevo la grabación y subraya la opción correcta.**

1 | no se puede | / | se puede | decorar la habitación.

2 | se puede | / | no se debe | usar chinchetas.

3 | no está permitido | / | está permitido | cocinar en las habitaciones.

4 | hay que | / | se debe comer | en el comedor.

5 | no se puede | / | no se debe | fumar en la residencia.

6 | se puede | / | está prohibido | oír música.

7 | no está permitido | / | se puede | usar los teléfonos móviles en el comedor.

8 | hay | / | no hay | que limpiar las habitaciones diariamente.

9 | no se puede | / | se puede | llevar visitas a las habitaciones.

10 | se puede | / | está prohibido | salir hasta las dos de la madrugada los fines de semana.

11 Los residentes | se tienen que | / | se pueden | inscribir en las actividades deportivas.

3. **Completa el diálogo con *muy* o *mucho-a-os-as*.**

Ana: Ésta es la lista de actividades deportivas. Hay _____ actividades.

Carla: Yo prefiero los deportes acuáticos. ¿Hay _____ ?

Ana: Sí, mira, aerobic acuático, escuela de espalda, waterpolo…

Carla: ¡Waterpolo! Me encanta, es un deporte _____ completo.

Ana: Yo también me he inscrito.

Carla: ¿Hay _____ personas en la lista ya?

Ana: Sí, también se han inscrito dos amigas mías _____ simpáticas.

Carla: ¿Sabéis jugar al waterpolo?

Ana: Sí, ellas juegan _____ bien. Practican _____ durante el verano.

Carla: Fantástico, seguro que nos irá _____ bien.

1.  María y Ana quieren cambiar de peinado. Lee la historieta e intenta completar los diálogos; después escucha la grabación para comprobar tu versión.

permanente
alisaré
barata
teñirme
cortaré
mechas
alérgica
peluquería
rubio

María: ¿Dónde está la _____?

Ana: Justo en la calle de atrás. ¿Qué te vas a hacer, María?

María: Me gustaría _____ el pelo de _____ y hacerme una _____ .

Ana: En esta peluquería son expertos en permanentes. Pues yo ayer pensé ponerme _____ pero hoy he cambiado de opinión; me _____ el pelo y me lo _____ . Ya estamos llegando.

María: ¿Esta es la peluquería?

Ana: ¡Sí, es muy _____ y divertida!

María: ¡Pero yo soy _____ a los perros!

2. Aquí tienes la reproducción de la historieta anterior. Transforma los verbos en estilo indirecto y completa el texto.

María le preguntó a Ana que dónde _____ la peluquería y ella le contestó que _____ justo en la calle de atrás. Ana le preguntó a María que qué se _____ a hacer, ella le dijo que le _____ teñirse el pelo de rubio y hacerse una permanente. Ana le aseguró que en esa peluquería _____ expertos en permanentes. Ana le dijo que el día anterior _____ ponerse mechas pero que ese día _____ de opinión y que se _____ el pelo y se lo _____ . Después Ana dijo que ya _____ llegando a la peluquería. María le preguntó sorprendida que si esa _____ la peluquería y Ana le contestó que sí, que _____ muy barata y divertida. Finalmente María, muy enfadada, le dijo que ella _____ alérgica a los perros.

1. Aquí tienes las opiniones de algunos estudiantes extranjeros sobre los españoles. ¿Estás de acuerdo con ellos? Coméntalas con tus compañeros de clase.

Mary: Me encantan los españoles porque saben disfrutar de la vida.

Thomas: No me gusta que griten tanto.

John: Me molesta que sean impuntuales.

Giulia: Me gusta mucho su sentido de la amistad.

Peter: Me molesta que se toquen y que se besen.

Dario: Odio la forma de conducir de los españoles.

Dominique: Me gusta mucho que sean amables con los extranjeros.

Jessica: Me encanta la siesta.

Simon: Me gusta que salgan y estén con sus amigos.

2. ▶ Escucha la grabación y señala cuáles de los aspectos del recuadro menciona Anna.

☐ comida   ☐ siesta   ☐ propina   ☐ clima   ☐ hijos
☐ tópicos   ☐ rasgos físicos   ☐ horarios   ☐ saludos   ☐ invitaciones

3. ▶ Vuelve a escuchar la grabación y di si son verdaderas o falsas las siguientes opiniones.

		V	F
1	Los españoles cenan mucho porque tienen más tiempo.	☐	☐
2	Los hombres parecen árabes.	☐	☐
3	Muchos hombres españoles son toreros.	☐	☐
4	El servicio en los restaurantes es muy bueno.	☐	☐
5	Los españoles desayunan mucho.	☐	☐
6	Duermen la siesta porque son vagos.	☐	☐
7	Los españoles suelen almorzar con la familia.	☐	☐

1. ▶ **Escucha la grabación y ordena los dibujos según su aparición.**

A ☐ B ☐ C ☐

D ☐ E ☐ F ☐

2. ▶ **Escucha el texto de nuevo y contesta brevemente estas preguntas.**

1 ¿Cómo saludan los españoles a un amigo que no han visto en los últimos días?

2 ¿Cómo es el saludo de un hombre a una mujer que le presentan?

3 Los españoles se acercan mucho cuando hablan; pero, además, ¿qué gestos hacen?

4 ¿Cómo reacciona un español cuando va en el ascensor con un desconocido?

5 En España, cuando alguien te invita a comer en su casa, ¿le llevas algún regalo?

6 ¿Está mal vista siempre la impuntualidad en España?

7 ¿Cuál suele ser el horario de los restaurantes?

8 ¿Y los fines de semana?

3. **Y en tu país, ¿hay costumbres especiales? ¡Cuéntanoslas!**

1. **Aquí tienes algunos objetos y productos típicos de Navidad en España. Relaciona las palabras del recuadro con su referente.**

el árbol de Navidad
el belén
Nochebuena
el pavo
los tres Reyes Magos
Nochevieja
el turrón
las doce uvas de la suerte

1 ....

2

3 ....

4 ....

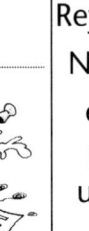

6 ....

7 ....

8 ....

5 ....

2. **Escucha la grabación y completa el texto sobre las Navidades en España.**

La Navidad en España empieza con el .... de la lotería de Navidad. Gran parte de los españoles compra .... o participaciones de su número preferido y espera que le toque "el ....", que es el nombre que recibe el premio mayor.

El día veinticuatro se celebra la .... La familia se reúne para disfrutar junta de una buena comida. La comida típica de esta noche es el .... relleno y los .... y, por supuesto, los .... típicos de Navidad: el turrón, los ...., los mantecados, los ...., etc. El veinticinco, el día de Navidad, se celebra con un almuerzo en casa o en algún restaurante. El día treinta y uno es conocido en España como la .... Es una noche para disfrutar con los amigos o familiares. Después de cenar, a las doce en punto de la noche, se toman las doce .... de la suerte. Todos los canales de televisión del país retransmiten las .... que dan paso al año nuevo. Y, nada más terminar, empieza la fiesta y la diversión. Esa noche hay fiestas en casi todos los bares, ... y hoteles del país. El uno de enero, el día de Año Nuevo, es un día de .... La gente, que no ha dormido en toda la noche, vuelve a casa para descansar y .... En España la Navidad acaba el seis de ...., cuando llegan los Reyes Magos de Oriente. Es una fiesta para toda la familia, aunque especialmente para los niños. La noche del día cinco, los más .... se ponen .... porque esperan con ilusión los regalos que les .... los Reyes. Por la mañana, cuando se levanten, tendrán sus ....

1. ▶ **Mira los siguientes dibujos y lee el nombre de cada uno de ellos.**
Luego escucha la primera parte para comprobar su pronunciación.

pero **1** perro

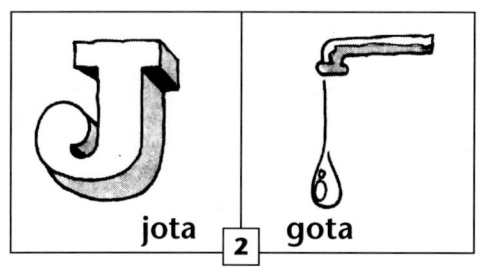

jota **2** gota

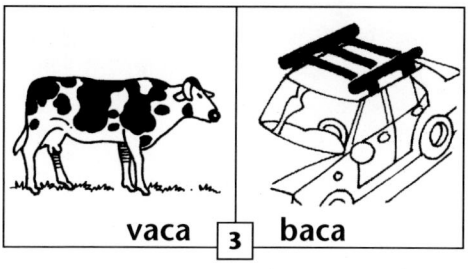

vaca **3** baca

hijo **4** higo

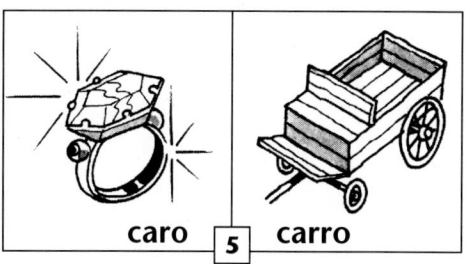

caro **5** carro

2. ▶ **Escucha la segunda parte y completa el texto. Presta mucha atención a los sonidos para elegir correctamente las letras que los representan.**

_____ era un chico bastante raro. Vivía en _____, una _____ al norte de España. No tenía amigos, no le gustaba salir, _____ poco en casa y no solía reirse. Sus familiares estaban bastante preocupados por su _____. Por eso, un día decidieron llevarlo al _____; éste diagnosticó que el chico tenía una actitud _____ porque estaba excesivamente _____ por sus padres. Lo recomendable era dejar que el joven tuviera su propio _____, una mayor libertad y un reconocimiento como persona autónoma. Después de algún tiempo, y tras poner en práctica las recomendaciones del profesional, Jaimito pasó a llamarse _____, y es que ya tenía 18 años. _____ a tener amigos y amigas, se volvió _____ y amable; en definitiva, se convirtió en un chico de su tiempo.

3. ▶ **¿Eres capaz de leer los siguientes trabalenguas populares españoles? Inténtalo y después escucha la tercera parte.**

A Pablito clavó un clavito, ¿qué clavito clavó Pablito?
B El perro de San Roque no tiene rabo, porque Ramón Ramírez se lo ha robado.
C Tres tristes tigres comen trigo en el trigal.
D El cielo está enladrillado, ¿quién lo desenladrillará?, el desenladrillador que lo desenladrille, buen desenladrillador será.

1. Estos dibujos corresponden a la historia que se cuenta en la grabación, pero están desordenados. Escucha y ordénalos correctamente.

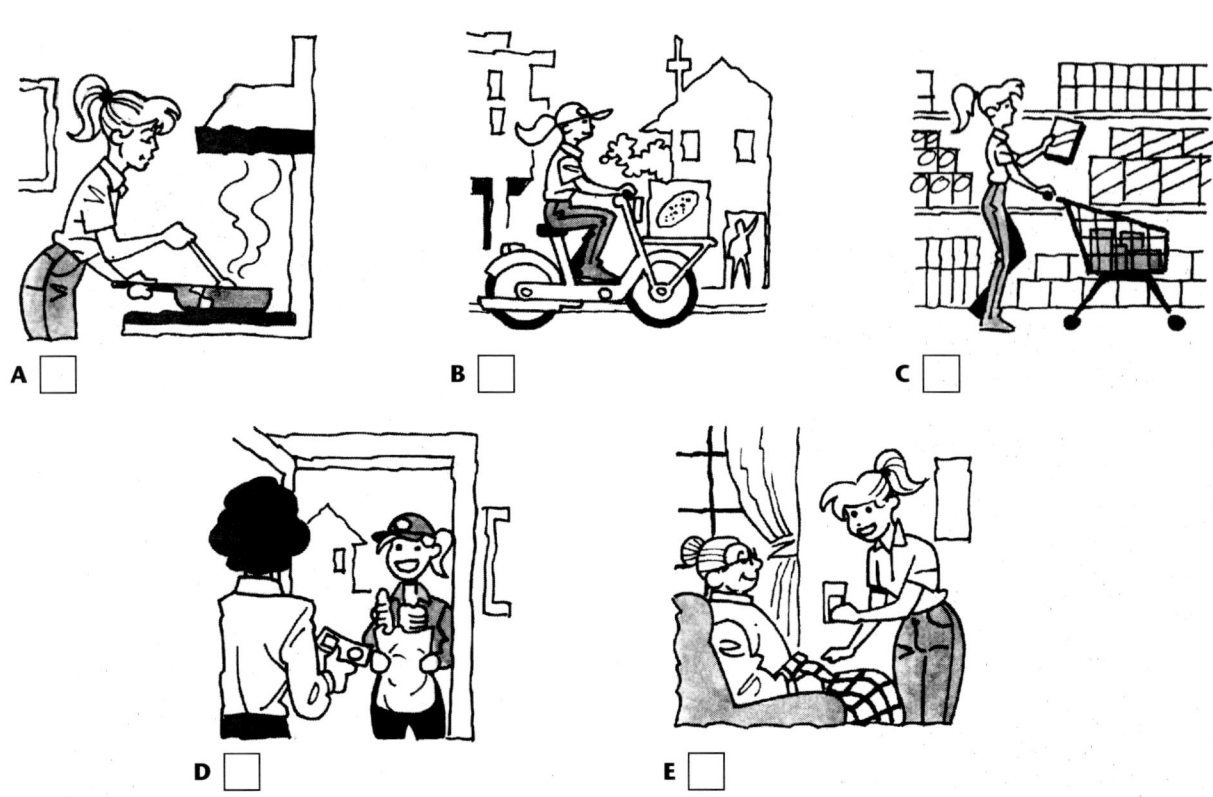

A ☐   B ☐   C ☐

D ☐   E ☐

2. Completa las siguientes frases con el verbo entre paréntesis en el tiempo y modo correctos. Después escucha la grabación y comprueba tus respuestas.

1 Antes de que mi madre (llegar) _____ del trabajo, pondré la mesa y calentaré la comida.

2 Cuando (yo, levantarse) _____, iré a comprar pan a la panadería.

3 Cuando (abrir) _____ la pizzería que hay cerca de mi casa, trabajaré repartiendo pizzas en mi moto.

4 En cuanto (yo, vender) _____ el pan, iré a cuidar a la abuela de Marta.

5 Cuando (yo, cumplir) _____ dieciocho años, quiero comprarme un coche.

6 Antes de que (cerrar) _____ el supermercado, iré a hacer los recados a mis familiares.

3. Ahora escribe tus planes para el verano.

Cuando acabe el curso, _____

_____

_____

1. ▶ **Mira estos dibujos. ¿Qué les desearías a las siguientes personas en estas situaciones? Después escucha la grabación para comprobar tus respuestas.**

– Voy a la fiesta de cumpleaños de mi novio.

– ¡Que _____ !

– Me voy a dormir, estoy muerta de sueño.

– ¡Que _____ !

– ¿Quieres almorzar, Juan?

– No, gracias, acabo de comer. ¡Que _____ !

– He comprado un décimo de lotería.

– ¡Que _____ !

– Me voy a la escuela, mami; nos vemos esta tarde.

– ¡Que _____ !

– Gracias por la chaqueta, es preciosa.

– ¡Que _____ !

La mujer les desea a los recién casados:

– ¡Que _____ !

La madre le dice a su hijo enfermo:

– ¡Que _____ !

Los amigos felicitan a Luis por su cumpleaños y le dicen:

– ¡Que _____ !

1. ▶ Escucha la primera parte y escribe debajo de cada dibujo las recomendaciones para llevar una vida sana.

1 ....

2 ....

3 ....

4 ....

5 ....

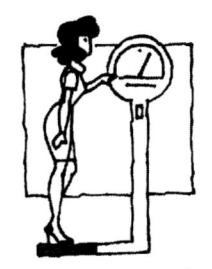

6 ....

7 ....

2. ▶ Ana no se encuentra bien y ha decidido ir al médico. Escucha la segunda parte y completa las frases con las recomendaciones del médico.

Doctor: Ana, lo que te pasa es que estás un poco estresada. Llevas una vida con hábitos poco saludables.

Ana: ¿Y qué debo hacer? ¿qué me aconseja?

Doctor: Te aconsejo que .... y que te .... un poco. Sería bueno que .... por lo menos ocho horas diarias. Te sugiero que .... las tensiones y el estrés. Es conveniente que .... un poco de tiempo libre a hacer las cosas que realmente te gustan. Es muy beneficioso que te .... y que .... con tus amigos. Te recomiendo que le .... menos importancia a tu trabajo. Te aconsejo que .... los problemas en la oficina, es muy negativo que te los .... a casa.

Ana: ¿Me va a recetar alguna medicina?

Doctor: Si sigues mis recomendaciones, no te hará falta tomar nada. Vuelve dentro de un mes y medio.

Ana: Gracias, doctor.

3. Ahora imagina que tú eres el médico y tienes que aconsejar a tu amigo, que está muy gordo, lo que debe hacer para adelgazar. Puedes usar las estructuras del ejercicio 2.

Ejemplo: *Te aconsejo que no tomes dulces ni golosinas.*

1. **¿Reconoces los productos representados en los dibujos? Busca sus nombres en el recuadro.**

vino
detergente
refresco
comida para perros
lavadora
gel de ducha
comida precocinada

1 ....

2 ....

3 ....

4 ....

5 ....

6 ....

7 ....

2. **Vas a oír cinco anuncios publicitarios de algunos de los productos anteriores. Escribe junto a cada marca el número del producto al que se refiere.**

A ☐ Denial   B ☐ Dixal Plus Diez   C ☐ Perrical

D ☐ La cocinera   E ☐ Vega Seseña

3. **Escucha la segunda parte y completa este diálogo publicitario en el que una chica trata de convencer a su padre para que le compre un teléfono móvil.**

Padre: ¿Tú crees que éstas son horas de llegar a casa?

Hija: Es que no _____ ningún taxi para volver.

Padre: ¿Y por qué no me _____? Yo te habría recogido.

Hija: No te _____ porque no tengo teléfono móvil.

Padre: ¿Es que no hay teléfonos públicos en la calle?

Hija: No _____ ninguno cerca de la discoteca.

Padre: ¡Qué casualidad!

Hija: Papá, te lo he dicho mil veces, si _____ mi móvil, te _____ para que _____ a buscarme; también te podría localizar si tengo algún problema, y además te _____ llamar para decirte lo mucho que te quiero.

Padre: Anda, mañana _____ a la tienda y te compraré el pack joven MOVITAR que ahora _____ una tarjeta gratis de 100 euros en llamadas.

1. Escucha la entrevista y completa el texto.

Entrevistador: Buenas tardes, hoy tenemos el honor de contar con la presencia del cantante de pop Alejandro Sancho. Buenas tardes, Alejandro, ¿cómo estás?

Alejandro: Muy bien, gracias, aunque un poco cansado por la gira de este verano.

Entrevistador: Además de tu amor por la música, sabemos que estás muy interesado por la ecología, ¿no es así?

Alejandro: Sí, soy miembro activo de Greenpeace desde hace 6 años. Me preocupa mucho que la gente no .... la naturaleza, que .... bosques, que .... los ríos y los mares. Me molesta que la gente no se .... cuenta de que está destruyendo el planeta. Y, por supuesto, me enfada muchísimo que los gobernantes no .... más dinero a este asunto.

Entrevistador: ¿Crees que esta situación va a cambiar?

Alejandro: Tiene que cambiar. Es necesario que la gente ...., que .... sobre la importancia de la ecología para la vida del ser humano.

Entrevistador: ¿Y qué les dirías a todos los fans que nos están escuchando?

Alejandro: Queridos amigos y colegas, es necesario que .... la naturaleza. Me da rabia que la gente .... que no es un tema importante. Deseo que todos os .... con la ecología. Quiero que .... y .... ecosistema. Me alegra mucho que los jóvenes .... trabajos de ayuda al medio ambiente. ¡Colaborad con la vida!

Entrevistador: Espero que tu mensaje .... a todos y que .... Gracias y hasta pronto.

2. Ahora vuelve a leer el texto y completa estas frases.

1 A Alejandro le preocupa que ....

2 Le molesta que ....

3 Le enfada muchísimo que ....

4 Desea que ....

5 Le alegra que ....

1. **Aquí tienes algunos objetos relacionados con las excursiones al campo. Escribe el nombre debajo de cada uno de ellos.**

tienda de campaña

cantimplora

saco de dormir

linterna

cuerda

botas

mochila

comida en lata

1 ....

2 ....

3 ....

4 ....

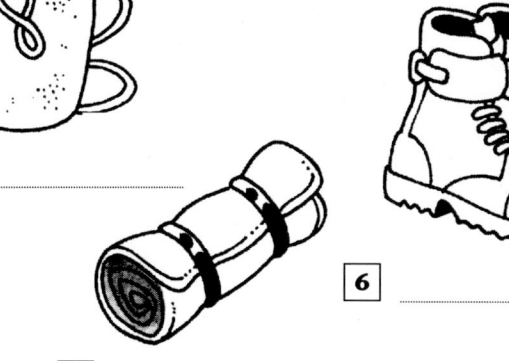

5 ....

6 ....

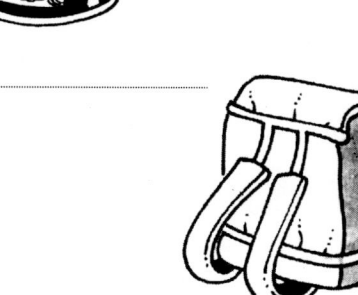

7 ....

8 ....

2. ▶ **Los García van a casa de unos amigos en el campo. Juanito lleva una maleta enorme; de repente, la maleta se cae y se abre. ¿Qué llevará dentro?**
Escucha la grabación y dibuja los objetos que se mencionan.

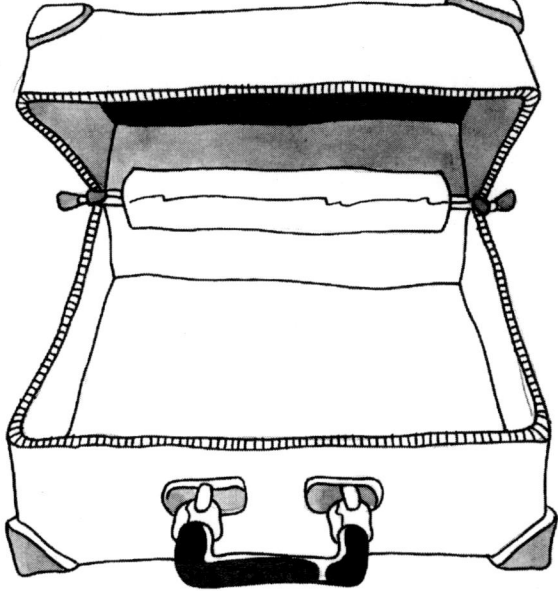

3. ▶ **Escucha de nuevo la grabación y completa las frases.**

1 Déjalo aquí, no es necesario que lo ....

2 Es posible que no .... cubiertos en la casa del campo.

3 Llevo las linternas para que .... ver en la oscuridad.

4 Las latas son para que .... comer algo y no nos .... de hambre.

5 Juanito, allí no hay animales salvajes. No te ....

1 INFORMACIÓN PERSONAL

1ª parte

Policía: Buenos días, ¿en qué puedo ayudarte?

Chica: Buenos días, señor, quiero solicitar mi carnet de identidad, mi DNI.

Policía: De acuerdo, un momento, te voy a tomar los datos. (...) Dime tu nombre y tus apellidos.

Chica: Sofía Cardoña Reina.

Policía: Fecha de nacimiento

Chica: El 25 de mayo de 1988.

Policía: ¿Dónde naciste?

Chica: En Motril, provincia de Granada.

Policía: ¿Cómo se llaman tus padres?

Chica: Mi padre se llama Roberto y mi madre, Sara.

Policía: ¿Dónde vives ahora?

Chica: Aquí en Barcelona.

Policía: Pero dime la dirección completa.

Chica: Ah, perdone. Vivo en calle Jardinería, número 29, tercero izquierda.

Policía: Localidad, Barcelona. Provincia, Barcelona. Bueno, ya está todo. Ahora dame dos fotos y firma aquí.

Chica: Aquí tiene las fotos… ¿dónde tengo que firmar?

Policía: Aquí, debajo de los datos.

Chica: Muchas gracias por todo. ¿Cuándo puedo venir a recogerlo?

Policía: Dentro de unas dos semanas te mandaremos una carta para decirte qué día puedes venir aquí a recogerlo.

Chica: De acuerdo, y gracias otra vez.

2ª parte

Locutor: Queridos oyentes, ahora vamos a conocer a los tres ganadores del concurso musical. Recuerdan que la semana pasada les hicimos tres preguntas sobre cantantes populares del momento. Después de escuchar las cientos de llamadas recibidas, estas tres personas han sido elegidas ante notario como ganadoras del concurso... Buenos días, ¿con quién hablo?

Mujer: Hola, soy Consuelo Chamorro Vázquez.

Locutor: ¿De dónde es usted?

Mujer: Soy de Valladolid, pero vivo en Alicante desde hace trece años.

Locutor: ¿Está usted casada?

Mujer: Estoy viuda.

Locutor: ¿Con quién va a ir al viaje?

Mujer: Como no tengo hijos, voy a ir con un sobrino.

Locutor: ¿Puede pedir vacaciones en su trabajo?

Mujer: No trabajo, soy ama de casa.

Locutor: Ahora vamos a conocer al segundo ganador.

Juan: Soy Juan Martín Romero. Vivo en Granada. Estoy casado y tengo tres hijos. Voy a ir al viaje con mi esposa María. Soy electricista y trabajo por mi cuenta, así que no tengo problemas para tomarme estas vacaciones.

Locutor: Estupendo, Señor Martín.

Locutor: Y, por último, vamos a conocer al tercer ganador. Buenos días, ¿con quién hablo?

Rocío: Hola, soy Rocío Vega Pascual. Soy de Marbella, un pueblo de Málaga. Tengo 20 años, estoy soltera y soy estudiante.

Locutor: ¿Con quién vas a ir al viaje?

Rocío: Con mi hermana mayor.

2 ¡QUÉ ÚTILES SON LOS ORDENADORES!

Sara

Tengo ordenador desde hace dos años. Lo uso todos los días porque es muy útil. Con el ordenador me puedo conectar a Internet y obtener mucha información para mis trabajos de la escuela. Me encanta navegar por la red. Moviendo el ratón puedo llegar a cualquier página web y ver en la pantalla no sólo textos sino también fotos, imágenes en movimiento; algunas páginas también tienen sonido…

De vez en cuando hago mis deberes en el ordenador. Escribo bastante rápido, unas 100 palabras por minuto. Además, puedo corregir las faltas de ortografía porque tengo un programa corrector.

También uso el ordenador para comunicarme con mis amigos. Cada día recibo más de cinco correos electrónicos y los contesto todos en pocos minutos. A veces quedo con algunos amigos para chatear, especialmente los fines de semana que llueve y no podemos salir. También uso el ordenador para jugar. Pero no soy adicta porque nunca juego más de una hora. Lo malo de los ordenadores es que a veces pierden información. Por eso, para evitar problemas, es conveniente hacer copias de seguridad y guardar la información cada diez minutos.

3 UN HORARIO MUY APRETADO

1ª parte

Antonio: Hola Marta, ¿qué tal?

Marta: Un poco agobiada por el horario de clases en el instituto.

Antonio: ¿Por qué?

Marta: Porque tengo muchas asignaturas cada día.

Antonio: ¿Y cuál es el día más duro?

Marta: Sin duda es el martes. Ese día tengo dos horas seguidas de clase de matemáticas, de 8 y media a 10 y media. Luego, de 10 y media a 11 y media tengo geografía y de 11 y media a una y media tengo inglés.

Antonio: ¿Todos los días tienes 5 horas de clase?

Marta: Casi todos. Los lunes y los viernes también tengo el horario completo. En las dos primeras horas tengo ciencias, después, desde las 10 y media hasta las 11 y media tengo física y de 11 y media a 12 y media tengo francés. En la última hora tengo gimnasia, menos mal. Así podré relajarme un poco.

Antonio: ¿Y los jueves? ¿Tienes alguna hora libre?

Marta: Sí, afortunadamente los jueves tengo dos horas libres, de 8 y media a 10 y media. Pero después tengo inglés, geografía y ciencias. Menos mal que ese día me levanto más tarde. Los miércoles tengo una hora libre, de 10 y media a 11 y media, antes tengo dos horas de geografía y después del descanso una hora de francés y otra de matemáticas.

2ª parte

1 El tren

Profesora: Buenos días, ¿me puede dar el horario de salida del tren Burgos-Madrid?

Operadora: Sí, tome nota. El tren sale por la mañana a las ocho y media y llega a Madrid a las once y veinte.

Profesora: ¿Y el tren Madrid-Burgos?

Operadora: Sale de Madrid a las nueve y cuarto de la noche y llega a Burgos a la doce menos diez. Es un tren directo.

Profesora: Muchas gracias.

2 El Museo de Arte Moderno

Profesora: Buenos días, ¿es el Museo de Arte Moderno?

Operador: Sí, ¿qué quería?

Profesora: Quería saber el horario del museo.

Operador: Abrimos a las diez en punto y cerramos a las seis y media. Al mediodía permanecemos abiertos.

Profesora: Muchas gracias.

3 El Museo de Ciencias

Profesora: Hola, ¿es el Museo de Ciencias?

Operadora: Sí, ¿en qué puedo ayudarla?

Profesora: Necesito saber el horario del museo.

Operadora: Abrimos de diez y media a dos y cuarto. Por la tarde está cerrado.

Profesora: Muchas gracias por su información.

4 ¡QUÉ CARO!

Vendedor: ¿Qué quería, señora?

Señora: ¿A cómo está el kilo de peras?

Vendedor: A dos con cincuenta euros el kilo.

Señora: ¡Qué barbaridad! ¿Y las otras frutas?

Vendedor: Pues los plátanos cuestan a 2 euros el kilo, las naranjas están a 1 euro con treinta el kilo y el melón, que es muy bueno, cuesta sólo 1 euro con 60 el kilo.

Señora: ¿Y las verduras? ¿a cómo están?

Vendedor: Las judías cuestan 5 euros el kilo, hoy están bastante caras, pero son excelentes. Las alcachofas están de oferta, las tengo a un euro el kilo, y las patatas y las cebollas cuestan 60 céntimos el kilo.

Señora: Bueno, póngame 3 kilos de naranjas, dos de plátanos, uno de peras, dos de patatas, uno de alcachofas y medio kilo de judías.

Vendedora: ¿Quiere usted algo?

Señor: ¿A cómo está el kilo de pollo?

Vendedora: A dos euros con treinta el kilo.

Señor: ¡Qué caro! ¿ha subido otra vez?

Vendedora: No, señor, cuesta igual que la semana pasada.

(...)

Señor: A ver, ¿y las salchichas?

Vendedora: Son de cerdo, y cuestan tres euros con cincuenta el kilo, son muy frescas. El jamón también es muy bueno y está de oferta, lo tengo a cuatro euros con ochenta céntimos el kilo. Las chuletas de cordero están a cinco euros el kilo.

Señor: Póngame dos kilos de chuletas de cordero, medio kilo de salchichas, un cuarto de kilo de jamón y una docena de huevos. Por cierto, ¿a cómo están los huevos?

Vendedora: Baratos, la docena cuesta sólo 60 céntimos.

5 INFORMACIÓN SOBRE ESPAÑA

España tiene una superficie de quinientos cuatro mil setecientos ochenta y dos kilómetros cuadrados. Es el tercer país más grande de Europa, después de Rusia y Francia. Es uno de los países de Europa que tiene mayor número de kilómetros de costa, con tres mil novecientos cuatro kilómetros. Posee mil novecientos cuarenta y cinco kilómetros de fronteras terrestres.

Según el último censo, España tiene una población de cuarenta millones ochocientos cuarenta y siete mil trescientos setenta y un habitantes. La capital de España es Madrid, con una población de cinco millones cuatrocientos veintitrés mil trescientos ochenta y cuatro habitantes en toda la comunidad autónoma. Pero hay otras ciudades que presentan un alto índice de población, como Barcelona, con cuatro millones ochocientos cinco mil novecientos veintisiete habitantes, Valencia, con dos millones doscientos dieciséis mil doscientos ochenta y cinco habitantes, y Sevilla, con un millón setecientos veintisiete mil seiscientos tres habitantes.

La esperanza de vida al nacer es de setenta y cinco años en los hombres y de ochenta años en las mujeres.

En los últimos años ha aumentado el número de hijos por familia hasta llegar al dos coma tres.

AUDICIONES

6 ¿SÍ? ¿DÍGAME?

1ª parte

Abuela: Perdone, ¿hay alguna cabina telefónica cerca de aquí?

Chico: Sí, al final de esta calle, a la izquierda, hay una.

Abuela: Muchas gracias.

Nieta: Mira, abuela, aquí está.

Abuela: Sí, entra. Por favor, hija, no me he traído las gafas y no veo bien. Yo te digo el número y tú marcas, ¿de acuerdo? Toma las monedas.

Nieta: Vale, ¿cuál es el número de teléfono del tío Juan?

Abuela: El 987-54 46 48 (...) ¿Hay tono?

Nieta: La operadora dice que el número marcado no existe. Voy a colgar y marco otra vez.

Abuela: ¿Te ha devuelto el dinero?

Nieta: Sí, repíteme el número, por favor.

Abuela: 987-54 46 48

Nieta: Ahora sí está haciendo llamada. (...) Hola tío, soy Marta, la abuela quiere hablar contigo, te paso con ella. (...) Toma, coge el teléfono, abuela.

2ª parte

1

A: ¿Sí?, ¿dígame?

B: Soy Sara, ¿está Pedro?

A: ¿A dónde llama?

B: ¿No es el 954- 22 13 14?

A: No, se ha confundido.

B: ¡Oh!, perdone.

2

A: ¿Sí? (...) ¿Quién es? (...) ¿Sí? (...) Vaya, se ha vuelto a cortar. Creo que el teléfono no funciona, tengo que llamar para que lo arreglen.

3

Voz automática: Buenas tardes. La persona a la que usted llama no se encuentra disponible en este momento. Si lo desea, puede dejar un mensaje después de la señal. (...)

4

A: ¿Cuál es el número de teléfono de Jaime?

B: El 987-334425.

A: A ver, 987-334425.

B: ¿No cogen el teléfono?

A: Es que está comunicando; llamaremos más tarde.

5

Presentador de concurso: Y ya sabe, si quiere ganar un millón de euros, sólo tiene que llamar al 976-345673 y contestar la pregunta del día.

A: ¡Vamos a llamar, mamá!

B: Sí, llama. (...)

A: Es imposible.

B: ¿Qué pasa? ¿está comunicando?

A: Las líneas están saturadas.

B: Bueno, cuelga y llamamos más tarde.

7 DIRECCIONES

1ª parte

1

Mujer: Por favor, ¿para ir a la catedral?

Hombre: Sí, siga todo recto y tome la tercera calle a la izquierda.

Mujer: Gracias, muy amable.

2

Hombre: Por favor, ¿sabe cómo se va a la estación de trenes de cercanías?

Mujer: Está lejos para ir andando. Mejor coja el autobús 21 y baje en la tercera parada.

Hombre: ¿Y dónde está la parada del autobús 21?

Mujer: Está justo al doblar la esquina.

3

Chico: Oiga, por favor, ¿sabe dónde está el Palacio Real?

Hombre: Lo siento, no soy de aquí.

2ª parte

1

Mujer: Buenos días, por favor, ¿para ir a (...)?

Hombre: Sí, siga recto y cuando llegue a la Plaza de la Merced, coja la tercera calle a la izquierda. Siga recto y, al final de la calle, está (...).

Mujer: Gracias.

2

Hombre: Hola, mire, ¿cómo se va a (...)?

Mujer: Está muy cerca. Siga recto y, antes de llegar a la Plaza de la Merced , coja la calle de la derecha. Siga recto y en la primera calle a la derecha está (...).

3

Chico: Buenas, por favor, ¿me puede decir cómo se va a (...)?

Oficinista: Sigue recto hasta llegar a la plaza de la Merced. La (...) está en la misma plaza, enfrente a la izquierda.

4

Hombre: Mire, por favor, ¿está muy lejos (...)?

Mujer: No, está aquí al lado. Mire, siga recto y coja la primera a la izquierda. Al final de esa calle está (...).

5

Mujer: Por favor, ¿para ir al (...)?

Hombre: Es muy fácil llegar, no tiene pérdida, pero está un poco lejos para ir a pie.

Mujer: No importa, me gusta mucho pasear. ¿Cuánto se tarda en llegar a pie?

Hombre: Unos 40 minutos, pero el camino es cuesta arriba. (…) está en la parte alta de la ciudad.

Mujer: Bueno, no importa.

Hombre: Bien, siga recto y cruce la Plaza de la Merced, continúe recto y al final de la cuesta está (…).

8 ¿DÓNDE PONGO LA SARTÉN?

Madre: Carlos, coloca la sartén en el mueble que hay a la derecha del fregadero, debajo de los vasos.

Carlos: Vale, mamá, ¿y dónde pongo el abridor?

Madre: Ponlo en el cajón que hay a la izquierda de la cocina, entre la cocina y el horno.

Carlos: ¿En el primer cajón?

Madre: Sí, al lado de los cubiertos.

Padre: ¿Dónde pongo el cazo?

Madre: Mételo dentro del fregadero, tenemos que lavarlo.

Padre: ¿Y las copas?

Madre: En la vitrina que hay sobre el lavavajillas.

Carlos: ¿Y las servilletas?

Madre: Métalas en la lavadora, voy a lavarlas.

Padre: ¿Dónde coloco la olla?

Madre: Ponla delante de la sartén.

Carlos: ¿Y dónde pongo la espumadera?

Madre: Ponla en el segundo cajón, al lado de los cuchillos.

9 PREPARANDO UN VIAJE

Mamá: ¿Por qué estás tan nerviosa, Marta?

Marta: Ya sabes que pasado mañana me voy a Nueva York con mis compañeros de clase y todavía tengo muchas cosas que preparar.

Mamá: ¿Tienes ya los billetes de avión?

Marta: Aún no, ahora mismo voy a recogerlos.

Mamá: ¿Y tienes seguro de viajes?

Marta: Si, está incluido. He pagado 25 euros más por el seguro.

Mamá: ¿Has recogido los cheques de viaje que pediste en el banco?

Marta: No, mamá, los voy a recoger esta tarde.

Mamá: Pero tienes que ir antes de las cinco, porque hoy el banco cierra antes.

Marta: Vale, mamá, gracias por recordármelo, voy a ir después de comer. Además, todavía no tengo la maleta preparada porque necesito comprar esta tarde algunas cosas: una guía de la ciudad, unas gafas de sol, unas zapatillas de deporte…

Mamá: ¿Todavía tienes cosas que comprar?

Marta: Sí, es que con los exámenes no he tenido mucho tiempo estos días.

Mamá: ¿Y sabes qué ropa te vas a llevar?

Marta: Sí, la saqué anoche del armario y ahora la tengo encima de mi cama. Sólo tengo que meterla en la maleta.

Mamá: Bueno, ¿necesitas algo?

Marta: Sí, ¿por qué no me dejas un despertador pequeño? El mío es muy grande y ocupa mucho espacio. ¡Ah! y me tienes que llevar al aeropuerto en tu coche.

Mamá: Claro, no te preocupes.

10 ¿CÓMO VA TU ESPAÑOL?

1ª parte

Marta: Oye, Sophie, ¿cuánto tiempo llevas estudiando español?

Sophie: Muy poco, sólo un año y medio.

Marta: ¿Por qué estudias español?

Sophie: Porque es una lengua muy importante en el mundo.

Marta: Y ¿cómo se te da el español?

Sophie: Bastante bien. He aprendido mucho en muy poco tiempo.

Marta: ¿Eres capaz de comunicarte en español?

Sophie: Sí, porque las clases que recibo son muy prácticas.

Marta: ¿Practicas tu español fuera de clase?

Sophie: Sí, a veces mis amigos y yo charlamos un poco.

Marta: ¿Has estado alguna vez en un país de habla hispana?

Sophie: Sí, hace tres años estuve en Perú.

Marta: ¿Qué es lo que más te gusta de la lengua española?

Sophie: Su sonido, me encanta la musicalidad del español.

2ª parte

1

El verano pasado hice un curso intensivo de español en la escuela Alcázar. Era un curso de cuatro semanas con cinco horas de clase al día, de lunes a viernes. Éramos sólo cinco alumnos en la clase y, por eso, el aprendizaje era muy rápido. El profesor era muy bueno y aprendí mucho con él. Además de las clases de lengua española, teníamos actividades complementarias de cocina española y de flamenco. Además, no me costó nada caro, sólo 300 euros.

2

Yo estuve estudiando en la academia Cervantes. Era un curso de dos meses con sólo tres horas de clase al día, de lunes a viernes. Mi grupo era bastante reducido, sólo ocho estudiantes, y por eso aproveché mucho el tiempo.

Teníamos dos profesores, uno para las clases de gramática y otro para las clases de conversación y escritura. La pena es que la academia no ofrecía actividades complementarias, claro, con lo barato que era el curso no se podía pedir más: costaba sólo ciento cincuenta euros al mes.

11 UN FIN DE SEMANA DE LOCURA

A: ¿Qué tal el fin de semana?

B: Muy bien, aunque bastante ajetreado porque no hemos parado de hacer cosas.

A: ¿Estuviste con tus padres y tu hermana?

B: Sí, claro, y con unos amigos que han venido a casa para pasar el fin de semana.

A: ¿Y qué hicisteis?

B: No hemos salido de Madrid porque los fines de semana hay mucho tráfico y a mi padre no le gustan los atascos, pero no paramos en casa ni un momento.

A: ¿Y a dónde fuisteis?

B: El sábado por la mañana nos fuimos a dar un paseo en barca por el Retiro. A mis amigos les encanta remar y estar en contacto con la naturaleza, así que decidí llevarlos allí y todos lo pasamos muy bien. Después fuimos a comer a un restaurante que está cerca y que sirven comida típica madrileña. Tomamos un cocido madrileño riquísimo.

A: Y luego a casa a dormir la siesta, ¿no?

B: ¡Qué va! Cogimos el autobús y nos fuimos al parque de atracciones. Nos montamos en muchas atracciones: en la montaña rusa, en la noria, en los coches de choque, fue divertidísimo. Estuvimos allí hasta las tres de la madrugada. Luego cogimos un taxi y volvimos a casa.

A: Me imagino que el domingo descansasteis.

B: De eso nada. Un fin de semana es un fin de semana. No siempre tenemos la posibilidad de estar juntos los amigos. Por la mañana mis padres habían decidido ir al Museo del Prado a ver una exposición de Picasso pero nosotros los convencimos para ir al zoo. Mi madre preparó unas tortillas y unas chuletas con tomate, y luego nos fuimos a un sitio muy agradable que hay cerca y comimos en plena naturaleza. Por la tarde mi hermana quería jugar al tenis pero la convencimos para jugar un partido de fútbol.

A: ¿Están todavía tus amigos en tu casa?

B: No, se marcharon en tren anoche. Mi padre y yo los llevamos a la estación.

A: ¡Uf! ¡Qué fin de semana más agotador!

12 MODELOS

1ª parte: Sara

Hola, soy Sara Castro. Tengo 17 años. Empecé a trabajar de modelo hace tres años. Desde 1995 asisto a pases de moda porque me encantan. Un día llamé a la agencia Chicas de Oro y después de hacerme algunas pruebas me aceptaron. Tengo buena altura y buena talla; mido un metro ochenta y cinco centímetros, peso 64 kilos y tengo la talla 42. Me gusta mucho ser modelo, pero no lo veo como una profesión para mí. Prefiero ir a la universidad y estudiar arquitectura.

2ª parte: José

Me llamo José Peña. Tengo 21 años y hace tres terminé mis estudios en el instituto. Ahora estoy en el segundo curso de Medicina. Llevo trabajando de modelo profesional desde hace seis años. Cuando era pequeño, hice algunos pases para la firma de ropa infantil Mayoral. La agencia para la que trabajo en la actualidad se llama Jefes. Me llaman unas dos veces al mes. Aunque prefiero trabajar sólo los fines de semana o durante las vacaciones, a veces hay mucha demanda y tengo que hacer pases entre semana. No cobro mucho dinero, unos setenta euros por hora, pero es un trabajo que puedo compatibilizar con mis estudios y que me permite pagarme mis pequeños caprichos: los videojuegos, los componentes del ordenador…
No me voy a dedicar a esto durante mucho más tiempo. En cuanto acabe la carrera, me dedicaré exclusivamente a la medicina.

3ª parte: Berta

Yo me llamo Berta Gámez. Tengo 19 años y llevo muchos años dedicándome a la moda, desde que tenía cinco añitos.
Siempre me he movido en el ámbito de la moda, de las agencias de modelos, de las firmas y por eso tengo una gran experiencia. Hace un año que dejé los estudios porque era imposible combinarlos con mi trabajo. Ahora sólo me dedico a la pasarela. He salido en las revistas de moda más famosas del mundo y en cinco portadas de Vogue. Ya soy considerada una supermodelo. Desde el año pasado gano más de 3.000 euros por hora.

13 DESAPARECIDOS

Diana Ramos

A: Esta mañana he leído en el periódico que la semana pasada desapareció en el parque Diana Ramos, una niña de doce años.

B: ¿Y cómo es?

A: Muy alta, con los ojos grandes y con el pelo rubio y rizado. Lleva gafas. En el momento de la desaparición llevaba una blusa de rayas, un pantalón corto y zapatillas deportivas.

B: ¿Y si alguien la ve?

A: Puede llamar a este número de teléfono familiar, toma nota: 987-32 22 97.

Juan Pérez

Locutor: Buenos días, interrumpimos la emisión para informarles de que falta de su domicilio Don Juan Pérez, un anciano de 82 años que el viernes pasado salió a pasear por el parque y no volvió a casa. Don Juan Pérez tiene el pelo blanco y lleva barba y bigote. Es de estatura media. El día que desapareció llevaba una camisa blanca, una chaqueta oscura y pantalones negros. También llevaba una corbata de rayas. Si alguien lo ha visto puede llamar al teléfono 913-56 67 87.

Antoñita Ruiz

Policía: Policía Nacional, dígame.

Mujer: Buenas tardes, les llamo porque ha desaparecido mi hija de cinco años.

Policía: ¿Cómo se llama la niña?

Mujer: Antoñita Ruiz.

Policía: ¿Cuándo ha desaparecido?

Mujer: Hace sólo una hora.

Policía: ¿Cómo es y qué lleva puesto?

Mujer: Es gordita, tiene el pelo negro y lacio, bastante largo. Lleva dos lazos en el pelo, una faldita negra y una camiseta de lunares.

Policía: ¿Dónde ha desaparecido?

Mujer: En el supermercado EL MÁS BARATO, mientras yo estaba haciendo la compra semanal.

Policía: ¿Dónde está usted ahora?

Mujer: En la puerta del supermercado.

Policía: De acuerdo, no se mueva de ahí. Enseguida estamos con usted.

---

14 ¿ESTÁ DE MODA?

1ª parte

A ver, en mi opinión, está de moda chatear y, por supuesto, los teléfonos móviles; a los jóvenes les encanta usarlos, porque es una forma muy cómoda de comunicarse.
Los zapatos de tacón son bastante incómodos, pero se llevan mucho por la noche.
Los piercings y los tatuajes sí están de moda, aunque a mí personalmente no me gustan, porque son vulgares.
La ropa de color negro siempre se lleva.
¡Fumar! No está de moda, claro que no. Los que todavía fuman son personas irresponsables que no se dan cuenta del daño que se hacen a sí mismas y a los demás.
Tampoco está de moda beber alcohol.
Hacer top-less en la playa está de moda y también ser ecologista, hay que cuidar la naturaleza y unirse a ella. En cuanto a las pieles de animales, aunque parece que no, sí están de moda, mucha gente las usa en ocasiones especiales. También está de moda la ropa de cuero.
Desgraciadamente no está de moda ir al teatro aunque no entiendo por qué, a mí personalmente me fascina.
Pienso que la forma de llevar el pelo depende de cada persona y no tiene nada que ver con la moda.
Hacer deporte está de moda, es muy saludable.
La música dance sigue estando de moda.
Desde mi punto de vista, la gente no suele viajar a lugares exóticos, parece que no está de moda.
No está de moda, creo, escribir diarios personales.

2ª parte

Presentador: Pedro Rosas, director del periódico El Territorio

Pedro: Pienso que la moda mueve mucho dinero. España está exportando moda al extranjero y es un recurso económico muy fuerte.

Presentador: Marta Álvarez, socióloga

Marta: Para mí, la moda varía según las características de los individuos de una sociedad. En España la gente está bastante preocupada por la moda. Muchas veces son personas superficiales que sólo se preocupan por su aspecto físico.

Presentador: Roberto Peña, médico

Roberto: Creo que la moda actual está muy relacionada con el deseo de hacer una vida sana. La gente ya no bebe ni fuma tanto. Se cuida más e intenta vivir con menos estrés.

Presentador: Sara Domínguez, publicista

Sara: En mi opinión la moda está determinada por la publicidad. La publicidad influye tanto en el receptor que lo dirige. En este sentido, las personas van a comprar lo que ven anunciado en los medios de comunicación.

Presentador: Elvira López, ama de casa

Elvira: Creo que la moda dirige nuestra vida cotidiana. Los que no siguen la moda están fuera de la sociedad. ¡A nadie se le ocurriría hoy ir por la calle con zapatos de plataforma y ropa de los años noventa! ¡Qué horror! Parecería de otro planeta.

---

15 UN EXTRAÑO SUEÑO

Anoche tuve un sueño muy extraño. Iba paseando con mi perro por un parque y me encontré con un amigo de la escuela que hacía mucho tiempo que no veía. Me dijo que vivía en otra ciudad. Como hacía mucho calor, decidimos ir a un bar para tomar un refresco. Empezamos a charlar de muchas cosas y me contó que se había enamorado de mi mejor amiga y que se había casado con ella hacía quince años. Yo me extrañé mucho porque esa misma mañana yo la había ayudado a hacer unos ejercicios de matemáticas. Sorprendido fui al servicio y al mirarme en el espejo me di cuenta de que mi cara había cambiado: yo era un hombre de 50 años, con barba, bigote y estaba calvo. Cuando salí del aseo, vi que mi amigo también estaba viejo: tenía el pelo blanco y llevaba gafas. Pensé en la extraña transformación que habíamos tenido. Pero, de pronto, me acordé de que tenía que llevar a mi hija a la clase de piano. Me despedí de mi amigo, salí corriendo y llegué a mi casa. Cuando abrí la puerta, mi familia estaba esperándome. Todo acabó cuando el ladrido de mi perro me despertó. No recuerdo las caras de mis familiares, me he olvidado de ellos. Esta noche me voy a acostar pronto porque me gustaría soñar con ellos otra vez.

16 EN LA BOLA DE CRISTAL

1ª parte

Vidente: ¿Quién va a ser la primera?

Marina: Yo.

Vidente: ¿Cómo te llamas?

Marina: Marina.

Vidente: Marina, baraja las cartas… ahora corta. (…) Elige una del montón de la derecha (…) ahora elige tres del montón de la izquierda (…), baraja las cartas otra vez y elige cinco. Muy bien. Marina te veo un futuro próximo con algunos problemas. Probablemente, la semana que viene suspenderás un examen y tus padres te castigarán y no podrás ir a la fiesta de cumpleaños de esa amiga que tanto quieres. Cuidado con la moto, alguien intentará robártela estos días.

Marina: Pero, ¿me la robará?

Vidente: Dependerá de ti, si no tienes cuidado y no la aparcas en un buen sitio, es posible que sí.

Marina: ¿Qué más?

Vidente: Después de esta mala racha, dentro de unos meses, conocerás a un chico maravilloso, moreno, con los ojos azules, alto, muy cariñoso y amable, un cielo de chico. Se enamorará de ti y empezaréis a salir. Será tu novio durante mucho tiempo; creo que incluso te casarás con él. Será el hombre de tu vida.

Marina: Pero, ¿no lo conozco ya? Es que estoy enamorada de un chico muy guapo, pero él es rubio.

Vidente: No, aún no lo conoces. El chico que te gusta ahora desaparecerá de tu vida muy pronto, quizá el mes próximo, tendrá que dejar la escuela porque se irá con sus padres a otra ciudad.

Marina: Bueno, la verdad es que ese chico no me hace caso.

Vidente: Irás a la Universidad. Estudiarás Derecho y Economía. Después de acabar la carrera harás un viaje con tu novio por todo el mundo.

Marina: ¿Me voy a casar?

Vidente: Sí, y tendrás muchos hijos, por lo menos cuatro o cinco. Siempre tendrás buena salud, bastante dinero y mucho amor.

Marina: Muchas gracias.

Vidente: De nada.

2ª parte

Vidente: Contigo voy a usar la bola de cristal.

Rosa: De acuerdo.

Vidente: Rosa, estos días estás un poco pachucha, ¿no?

Rosa: Sí, no me encuentro muy bien, me duele la cabeza y no puedo concentrarme.

Vidente: Es que necesitas gafas, tienes miopía. Tienes que ir al oftalmólogo cuanto antes.

Rosa: Sí, mañana mismo iré.

Vidente: Un familiar que te quiere mucho te llamará por teléfono y te invitará a un viaje en barco por el Mar Mediterráneo. Pero antes tendrás que aprobar todos los exámenes, porque esa es la condición que te pondrán tus padres para ir. Estudiarás mucho estos próximos días y finalmente aprobarás los exámenes.

Rosa: ¿También aprobaré el examen de historia?

Vidente: Sí, y con muy buena nota.

Rosa: Bien, y ¿qué más cosas me puede decir de mi futuro?

Vidente: Después de la escuela no irás a la Universidad, harás varios cursos de peluquería y abrirás un salón de belleza. Durante los estudios en la academia de peluquería conocerás a un chico muy interesante, no será guapo, pero sí muy inteligente y cariñoso. Este chico se casará contigo después de algunos años y tendrás una hija. Tu salón de belleza será muy famoso en la ciudad y tú serás una peluquera muy prestigiosa. Al cabo de los años abrirás nuevos salones de belleza en otras ciudades. Los negocios irán de maravilla.
A los cincuenta años, dejarás el mundo de la peluquería para dedicarte a ayudar a los demás. Viajarás a los países pobres y colaborarás con la gente que lo necesita. Serás delegada de UNICEF en Calcuta.

17 HOMBRES Y MUJERES

1ª parte

Locutor: Buenas tardes, doctor Beltrán, y gracias por estar con nosotros.

Doctor: Es un placer.

Locutor: Quisiera que nos contara las conclusiones a las que ha llegado en sus estudios sobre las características de los hombres y de las mujeres.

Doctor: Mire, la conclusión final es que los hombres y las mujeres somos diferentes en el aspecto físico y en el mental. Los hombres tienen un cerebro diferente al de las mujeres, por eso se relacionan, piensan y razonan de forma distinta.

Locutor: ¿Y cuáles son esas diferencias?

Doctor: Entre otras, y por señalar algunas, le puedo decir que los hombres tienen una mayor percepción espacial y se orientan mejor, mientras que las mujeres tienen más desarrolladas las habilidades sociales, las formas de relaciones humanas.
Por otra parte, los hombres son lineales en su pensamiento y ello se demuestra en que son incapaces de pensar en más de una cosa a la vez, mientras que las mujeres tienen una mayor capacidad de razonamiento, pueden seguir a la vez varias líneas de pensamiento e, incluso, hacer varias cosas al mismo tiempo. De esto se deduce que los hombres sean más agresivos, más eufóricos e impulsivos y las mujeres más razonables, más reflexivas.
Otra conclusión a la que he llegado es que las mujeres, por su capacidad de poder ser madres, tienen más desarrollados los sentimientos de protección de la familia y del hogar, son como leonas que cuidan de sus crías.

Locutor: Muchas gracias, doctor, por explicarnos tan claramente sus conclusiones. Ahora podemos abrir el debate con los participantes del coloquio.

Doctor: Con mucho gusto.

2ª parte

Locutor: A ver, Sra. García, ¿qué opina de lo que ha dicho el experto?

Sra. García: Estoy de acuerdo con él, los hombres y las mujeres somos diferentes fisiológica y psicológicamente, pero de ninguna manera acepto que consideren a las mujeres leonas, me parece una falta de respeto, un acto machista.

Sra. Ramírez: Claro que sí, es un comentario machista, el hombre también puede cuidar de los niños de la misma manera que la mujer.

Sr. Pérez: Bueno, depende, porque lo que está claro es que ellos no tienen ese instinto materno que las mujeres poseen. Los hombres pueden cuidar muy bien de sus hijos, pueden amarlos como ellas, pero no es igual. Ellas tienen unos sentimientos muy especiales hacia sus hijos.

Doctor: Mire, no ha querido herir a nadie con la comparación con las leonas. Sólo era una forma fácil de explicar su instinto materno.

Sr. Pérez: Yo lo veo también así.

Sra. Ramírez: Pues yo creo que las mujeres son más sentimentales y sensibles que los hombres.

Sr. Pérez: De ninguna manera, señora, eso es un tópico. Los hombres pueden ser más sensibles que las mujeres en determinados momentos y circunstancias. Por ejemplo, los hombres tienen más sensibilidad en las relaciones de amistad, son más fieles a sus amigos que las mujeres.

Sra. García: ¡Qué va! Las mujeres cuidamos más las relaciones con nuestros amigos que los hombres. Nos llamamos con más frecuencia, nos reunimos más y charlamos más.

Sr. Pérez: Es posible, pero luego os criticáis y termináis discutiendo; mientras que los hombres, aunque no nos veamos tan frecuentemente, nunca rompemos una relación de amistad. Nuestros amigos lo son para toda la vida.

Doctor: Estoy contigo, Carlos, los hombres tienen relaciones de amistad más estables que las mujeres. Y eso es un dato objetivo que se ha estudiado.

Sra. Ramírez: No estoy segura de eso.

18 VAMOS DE TAPAS

El origen de las tapas hay que buscarlo en el siglo XIII, en una ley que dictó Alfonso X el Sabio para evitar los efectos del alcohol en la corte. El monarca prohibió a los mesoneros de Castilla servir vino si no iba acompañado de algo de comida. A partir de ese momento comenzaron a colocar encima de las jarras de vino un poco de pan con una loncha de jamón, un trozo de queso, una rodaja de chorizo, etc. Estos alimentos tapaban el vino, de ahí el nombre de tapas.

Hoy día las tapas continúan siendo muy populares en España y tapear es una costumbre en la mayoría de ciudades y pueblos. Se siguen utilizando para acompañar la bebida, normalmente vino o cerveza. Las tapas pueden ser frías, como la tortilla de patatas, las ensaladillas, o los embutidos; o calientes, como los callos, la paella o los calamares fritos.

Las tapas suelen tomarse antes del almuerzo y de la cena, aunque a veces, si son muy abundantes, llegan a sustituir a estas comidas. Generalmente se toman con los amigos, en las barras de los bares y de pie. Tapear, por tanto, es en la cultura española un acto social que nos permite hablar, relacionarnos con los demás al mismo tiempo que compartimos buenos alimentos.

19 EN LA RESIDENCIA DE ESTUDIANTES

Bienvenidos a la residencia de estudiantes. Mi nombre es Paula Vázquez y soy la directora de la residencia.
Ahora que acabáis de llegar me gustaría presentaros las reglas de esta residencia para que sepáis cuáles son vuestros derechos y deberes.
Como vais a estar aquí todo el curso, me imagino que os gustaría decorar las paredes de vuestra habitación. Podéis hacerlo, claro, pero no con chinchetas sino con cinta adhesiva, para no dejar marcas en la pared.
En cuanto a las comidas, no podéis cocinar en las habitaciones, no están permitidos los hornillos ni ningún aparato para cocinar. Las comidas se harán exclusivamente en el comedor. Recordad que no debéis fumar en la residencia, y que está completamente prohibido hacerlo en las habitaciones.
Por lo que respecta a la música, sé que tenéis equipos de música que habéis traído de casa. Podéis usarlos durante el día. A partir de las diez de la noche está completamente prohibido poner música.
Podéis usar vuestros teléfonos móviles en los dormitorios y en el comedor, pero nunca en la sala de estudio ni en la biblioteca.
Es vuestro deber arreglar la habitación diariamente. Tenéis que mantener limpio el cuarto y hacer la cama.
En cuanto a las visitas, está prohibido llevar a los invitados a las habitaciones. Las visitas sólo se podrán recibir en la sala de ocio y en el comedor.
Si queréis salir, podéis hacerlo hasta las diez de la noche de lunes a jueves y hasta las dos de la madrugada los fines de semana.
Este año tenemos una sorpresa para todos vosotros: hemos construido un gimnasio con piscina, pistas de paddle, mini golf, sala de gimnasia y aerobic, etc. Todos podéis inscribiros en las actividades que queráis. La lista de actividades deportivas y los horarios están situados en la primera planta, junto a la puerta del comedor.
Gracias por vuestra atención y espero que tengáis una feliz estancia.

20 LA PELUQUERÍA

María: ¿Dónde está la peluquería?

Ana: Justo en la calle de atrás. ¿Qué te vas a hacer, María?

María: Me gustaría teñirme el pelo de rubio y hacerme una permanente.

Ana: En esta peluquería son expertos en permanentes… Pues yo ayer pensé ponerme mechas pero hoy he cambiado de opinión; me cortaré el pelo y me lo alisaré.
Ya estamos llegando.

María: ¿Esta es la peluquería?

Ana: ¡Sí, es muy barata y divertida!

María: ¡Pero yo soy alérgica a los perros!

21 ESPAÑA Y LOS ESPAÑOLES

Anna: Los españoles son muy guapos, tienen unos rasgos muy exóticos. La mayoría de los hombres son morenos y tienen los ojos grandes. Las mujeres son muy atractivas, parecen árabes. El sol es fundamental en la vida de los españoles, es la causa de su carácter alegre y de sus ganas de vivir y de disfrutar de la vida.
Duermen la siesta no porque sean vagos sino porque con el calor que hace no se puede trabajar en verano al mediodía; es imposible.

Los horarios dependen también del buen clima. Como hay muchas horas de sol, los españoles normalmente no empiezan a trabajar hasta las ocho de la mañana. Después, descansan al mediodía, a eso de las dos, para almorzar y más tarde muchos vuelven a sus trabajos. En España la comida más fuerte es la cena, los españoles desayunan muy poco o nada, almuerzan normalmente con la familia, pero cuando realmente se relajan y disfrutan de la comida es por la noche, cuando cenan. Los españoles van mucho a comer a restaurantes, les encanta reunirse con amigos o familiares y cenar o almorzar en restaurantes italianos, mexicanos o típicamente españoles. La comida es buenísima y el servicio fantástico, por eso los camareros siempre reciben propinas.

España ha evolucionado mucho en los últimos años. Se ha convertido en un país moderno y muy desarrollado. Hay muchos tópicos falsos de los españoles, por ejemplo, que todos los hombres son toreros y las mujeres gitanas, o que son perezosos y no trabajan. Los españoles son auténticos europeos. Me encanta España y me fascinan los españoles.

22 COSTUMBRES SOCIALES ESPAÑOLAS

En cada cultura y en cada país hay costumbres, tradiciones y actuaciones sociales que son típicas y propias. Vamos a hablar de algunas de ellas.
En España la gente se saluda bastante cariñosamente. Si no ves a tu amigo desde hace unos días, lo besas. Los familiares y parientes también se besan para saludarse, incluso los hombres entre ellos se besan o se abrazan, sobre todo si son familiares: primos, hermanos, …
Cuando te presentan a alguien, la forma habitual de saludo es el beso entre mujeres, y la mano entre hombres. Si son personas de distinto sexo, lo normal es el beso.
Los españoles también tienen fama de que se tocan mucho, y es cierto. Cuando hablan con frecuencia se acercan a su receptor, le cogen la mano o el brazo, le dan palmaditas en la espalda… como señal de cariño y cercanía.
La gente se saluda casi sin conocerse; es frecuente dar los buenos días o las buenas noches a personas que no has visto antes pero que coinciden contigo en el ascensor, en el portal de una vivienda o en la parada de autobús.
Otro hábito de los españoles es hablar alto, muchas veces a gritos, y con frecuencia interrumpen a su interlocutor.

En España si alguien te invita a comer a su casa, debes dejar que te insistan un poco, después normalmente se accede. El invitado, generalmente, llevará algún regalo a los anfitriones, una botella de vino, unos bombones, unas flores, etc.

Un hábito bastante extendido desgraciadamente en España es la impuntualidad. Pero hay ciertas ocasiones en las que lo correcto es precisamente llegar impuntual al lugar de encuentro, como ocurre con la novia el día de la boda; con la chica, en la primera cita con el chico, etc.

Los horarios españoles también suelen llamar la atención de los que vienen de otros países. Los extranjeros dicen que en España todo se hace más tarde. Los horarios de las comidas suelen ser bastante diferentes a los del resto del mundo. Los restaurantes, por ejemplo, sirven el almuerzo entre la una y media y las cuatro, y la cena entre las nueve y las doce de la noche; los fines de semana incluso pueden ampliar el horario hasta las dos de la madrugada.

23 LA NAVIDAD

La Navidad en España empieza con el sorteo de la lotería de Navidad. Gran parte de los españoles compra décimos o participaciones de su número preferido y espera que le toque "el Gordo", que es el nombre que recibe el premio mayor.

El día veinticuatro se celebra la nochebuena. La familia se reúne para disfrutar junta de una buena comida. La comida típica de esta noche es el pavo relleno y los mariscos y, por supuesto, los dulces típicos de Navidad: el turrón, los mazapanes, los mantecados, los polvorones, etc.

El veinticinco, el día de Navidad, se celebra con un almuerzo en casa o en algún restaurante.

El día treinta y uno es conocido en España como la nochevieja. Es una noche para disfrutar con los amigos o familiares. Después de cenar, a las doce en punto de la noche, se toman las doce uvas de la suerte. Todos los canales de televisión del país retransmiten las campanadas que dan paso al año nuevo. Y, nada más terminar, empieza la fiesta y la diversión. Esa noche hay fiestas en casi todos los bares, discotecas y hoteles del país.

El uno de enero, el día de Año Nuevo, es un día de resaca. La gente, que no ha dormido en toda la noche, vuelve a casa para descansar y recuperarse.

En España la Navidad acaba el seis de enero, cuando llegan los Reyes Magos de Oriente. Es una fiesta para toda la familia, aunque especialmente para los niños. La noche del día cinco, los más pequeños se ponen nerviosos porque esperan con ilusión los regalos que les traerán los Reyes.

24 UN POCO DE PRONUNCIACIÓN

1ª parte

1 pero, perro
2 jota, gota
3 vaca, baca
4 hijo, higo
5 caro, carro

2ª parte

Jaimito era un chico bastante raro. Vivía en Gerona, una ciudad al norte de España. No tenía amigos, no le gustaba salir, charlaba poco en casa y no solía reírse. Sus familiares estaban bastante preocupados por su comportamiento. Por eso, un día decidieron llevarlo al psicólogo; éste diagnosticó que el chico tenía una actitud extraña porque estaba excesivamente protegido por sus padres. Lo recomendable era dejar que el joven tuviera su propio espacio, una mayor libertad y un reconocimiento como persona autónoma.

Después de algún tiempo, y tras poner en práctica las recomendaciones del profesional, Jaimito pasó a llamarse Jaime, y es que ya tenía 18 años. Empezó a tener amigos y amigas, se volvió cariñoso y amable, en definitiva, se convirtió en un chico de su tiempo.

3ª parte

A Pablito clavó un clavito, ¿qué clavito clavó Pablito?
B El perro de San Roque no tiene rabo, porque Ramón Ramírez se lo ha robado.
C Tres tristes tigres comen trigo en el trigal.
D El cielo está enladrillado, ¿quién lo desenladrillará?, el desenladrillador que lo desenladrille, buen desenladrillador será.

25 PLANES

Juan: ¿Qué vas a hacer este verano, María?

María: Cuando acabe el curso, empezaré a trabajar para conseguir dinero.

Juan: Y ¿dónde vas a trabajar?

María: Voy a trabajar por mi cuenta. Por las mañanas, cuando me levante, iré a comprar pan a la panadería y lo venderé a mis vecinos. En cuanto venda el pan, iré a cuidar a la abuela de Marta, que vive sola. Después volveré a casa y antes de que mi madre llegue del trabajo, pondré la mesa y calentaré la comida. Por la tarde, antes de que cierre el supermercado, iré a hacer los recados a mis familiares. Después, cuando abra la pizzería que hay cerca de mi casa, trabajaré repartiendo pizzas con mi moto.

Juan: ¡Uf! ¡qué estrés! Y ¿para qué quieres el dinero?

María: Es que, cuando cumpla dieciocho años, quiero comprarme un coche y tengo que ahorrar mucho dinero antes.

Juan: ¿Y cuánto dinero esperas ganar este verano?

María: El año pasado hice lo mismo y gané 2.000 euros.

Juan: Pues, ánimo, María.

26 DESEOS

1

Hija: Voy a la fiesta de cumpleaños de mi novio.

Madre: ¡Que lo pases bien!

2

Madre: Me voy a dormir, estoy muerta de sueño.

Hijo: ¡Que descanses!

3

Mujer: ¿Quieres almorzar, Juan?

Chico: No, gracias, acabo de comer. ¡Que aproveche!

4

Hombre 1: He comprado un décimo de lotería.

Hombre 2: ¡Que tengas suerte!

5

Chico: Me voy a la escuela, mami; nos vemos esta tarde.

6

Chico: Gracias por la chaqueta, es preciosa.

Chica: ¡Que la disfrutes!

7

Mujer: ¡Que seáis muy felices!

8

Mujer: ¡Que te mejores!

9

Chico: ¡Que cumplas muchos más!

27 UNA VIDA SANA

1ª parte

Hombre:

1. Cuida tu alimentación.
2. No fumes.
3. No bebas alcohol.
4. Haz un poco de deporte.
5. Duerme ocho horas diarias.
6. Controla tu peso.
7. Visita a tu médico al menos una vez al año.

2ª parte

Doctor: Ana, lo que te pasa es que estás un poco estresada. Llevas una vida con hábitos poco saludables.

Ana: ¿Y qué debo hacer? ¿qué me aconseja?

Doctor: Te aconsejo que descanses y que te relajes un poco. Sería bueno que durmieras por lo menos ocho horas diarias. Te sugiero que evites las tensiones y el estrés. Es conveniente que dediques un poco de tiempo libre a hacer las cosas que realmente te gustan. Es muy beneficioso que te rías y que salgas con tus amigos. Te recomiendo que le des menos importancia a tu trabajo. Te aconsejo que dejes los problemas en la oficina, es muy negativo que te los lleves a casa.

Ana: ¿Me va a recetar alguna medicina?

Doctor: Si sigues mis recomendaciones, no te hará falta tomar nada. Vuelve dentro de un mes y medio.

Ana: Gracias, doctor.

28 PUBLICIDAD

1ª parte

A

Mujer: Cuando te duches con DENIAL, notarás la diferencia. Tu piel se quedará tersa y suave con un delicado aroma. Siente una nueva sensación en tu piel. Pruébalo gratis llamando al 962.34 56 76. Llama ahora y recibirás en tu domicilio una muestra de DENIAL.

B

Hombre: ¿Manchas difíciles? ¡Ahora no serán un problema! Prueba el nuevo DIXAL PLUS DIEZ. El mejor contra las manchas.

Mujer: Ayer fui a casa de mi prima Luisa y vi su ropa, estaba blanquísima. Le pregunté con qué la lavaba y me recomendó DIXAL PLUS DIEZ. Ahora mismo voy a comprarlo.

Hombre: Sí, prueba DIXAL PLUS DIEZ y tendrás la ropa más blanca, blanquísima.

C

Mujer: Si te dieran comida recalentada para desayunar, sobras para almorzar y un poco de pan duro para cenar, ¿pensarías que te quieren? Si realmente lo quieres, dale algo realmente bueno, dale PERRICAL. Porque él te quiere.

D

Mujer 1: Si no tuviera que cocinar, me iría a la playa con los niños.

Mujer 2: Y yo me pasaría toda la mañana leyendo.

Mujer 3: Pues yo me voy de compras con mi familia.

Mujer 1: ¿Y hoy no vas a cocinar?

Mujer 3: No, hoy cocina LA COCINERA

Hombre: Con las más sanas recetas, con lo mejor de nuestras tierras y con todo el tiempo que necesitan. Especialidades LA COCINERA. Los mejores platos preparados directamente en su mesa. Sólo calentar y servir. Especialidades LA COCINERA. Nosotros cocinamos para que usted disfrute del tiempo libre.

E

Hombre: Él es muy ordenado y ella un auténtico caos.
A él le gusta la carne y a ella el pescado.
Él nunca sale con sus amigos y ella siempre está de juerga.
A él le gusta estar en casa y ella disfruta viajando.
A él le gusta VEGA SESEÑA y a ella también.
Aunque él lo prefiere blanco y ella tinto.
Con VEGA SESEÑA los dos siempre se ponen de acuerdo.

2ª parte

Padre: ¿Tú crees que éstas son horas de llegar a casa?

Hija: Es que no encontraba ningún taxi para volver.

Padre: ¿Y por qué no me has llamado? Yo te habría recogido.

Hija: No te he llamado porque no tengo teléfono móvil.

Padre: ¿Es que no hay teléfonos públicos en la calle?

Hija: No había ninguno cerca de la discoteca.

Padre: ¡Qué casualidad!

Hija: Papá, te lo he dicho mil veces, si tuviera mi móvil, te llamaría para que vinieras a buscarme; también te podría localizar si tengo algún problema, y además te podría llamar para decirte lo mucho que te quiero.

Padre: Anda, mañana iremos a la tienda y te compraré el pack joven MOVITAR que ahora trae una tarjeta gratis de 100 euros en llamadas.

29 SENTIMIENTO ECOLOGISTA

Locutor: Buenas tardes, hoy tenemos el honor de contar con la presencia del cantante de pop Alejandro Sancho. Buenas tardes, Alejandro, ¿cómo estás?

Alejandro: Muy bien, gracias, aunque un poco cansado por la gira de este verano.

Locutor: Además de tu amor por la música, sabemos que estás muy interesado por la ecología, ¿no es así?

Alejandro: Sí, soy miembro activo de Greenpeace desde hace 6 años. Me preocupa mucho que la gente no cuide la naturaleza, que queme bosques, que contamine los ríos y los mares. Me molesta que la gente no se dé cuenta de que está destruyendo el planeta. Y, por supuesto, me enfada muchísimo que los gobernantes no dediquen más dinero a este asunto.

Locutor: ¿Crees que esta situación va a cambiar?

Alejandro: Tiene que cambiar. Es necesario que la gente reflexione, que medite sobre la importancia de la ecología para la vida del ser humano.

Locutor: ¿Y qué les dirías a todos los fans que nos están escuchando?

Alejandro: Queridos amigos y colegas, es necesario que respetemos la naturaleza. Me da rabia que la gente crea que no es un tema importante. Deseo que todos os solidaricéis con la ecología. Quiero que cuidéis y respetéis el ecosistema. Me alegra mucho que los jóvenes compartan trabajos de ayuda al medio ambiente. ¡Colaborad con la vida!

Locutor: Espero que tu mensaje llegue a todos y que colaboren. Gracias y hasta pronto.

30 UN EQUIPAJE MUY PESADO

Padre: Juanito, ¿qué llevas en la maleta?

Juanito: Papá, son cosas muy útiles para el campo.

Padre: ¿Para qué quieres el saco de dormir? Hay camas para todos en casa de nuestros amigos. Déjalo aquí, no es necesario que lo lleves.

Juanito: Vale.

Madre: Juanito, ¿para qué queremos llevar unos cubiertos?

Juanito: Es posible que no haya cubiertos en la casa del campo. En el campo son muy primitivos y quizá coman con las manos. A mí no me gusta comer con las manos, mamá.

Madre: No te preocupes, allí hay cubiertos. La gente del campo los usa tan frecuentemente como nosotros.

Hermana: Juanito, ¿porqué llevas tantas linternas?

Juanito: Llevo las linternas para que podamos ver en la oscuridad.

Hermana: Juanito, hay luz eléctrica en casa de nuestros amigos desde hace muchos años. ¿Y para qué llevas comida en lata?

Juanito: Las latas son para que podamos comer algo y no nos muramos de hambre. Allí no hay supermercado. ¿Dónde vamos a comprar la comida?

Madre: Juanito, en el campo hay carne, huevos, leche, fruta, verdura y todo lo necesario para alimentarnos.

Juanito: También llevo un látigo para ahuyentar a los animales salvajes si nos atacan.

Padre: ¿Animales salvajes?, Juanito, allí no hay animales salvajes. No te preocupes.

Juanito: También llevo mi cámara de fotos.

Madre: Muy bien. La cámara sí es realmente útil.

SOLUCIONES

1 INFORMACIÓN PERSONAL
Página 8

Ejercicio 1
Nombre: Sofia
Primer apellido: Cardoña
Segundo apellido: Reina
Nació en: Motril
Provincia: Granada
El: 25 de mayo 1988
Hijo/a de: Roberto y Sara
Domicilio: C/ Jardinería, 2ª, 3° iz.da
Localidad: Barcelona; **Provincia:** Barcelona

Ejercicio 2

	Personaje 1	Personaje 2	Personaje 3
Nombre y apellidos:	Consuelo Chamorro Vázquez	Juan Martín Romero	Rocío Vega Pascual
Residente en:	Alicante	Granada	Marbella (Málaga)
Estado civil:	Viuda	Casado	Soltera
Hijos:	No	3	No
Trabajo:	Ama de casa	Electricista	Estudiante

2 ¡QUÉ UTILES SON LOS ORDENADORES!
Página 9

Ejercicio 1
1 escáner; **2** monitor; **3** impresora; **4** micrófono ; **5** teclado ; **6** ratón ; **7** altavoces

Ejercicio 2
1 Desde hace dos años.
2 Todos los días.
3 Para obtener información y para chatear.
4 Unas 100 palabras por minuto.
5 Máximo una hora.
6 Ella hace copias de seguridad y guarda la información cada diez minutos.

Ejercicio 3
1 conectar; **2** navegar; **3** página web; **4** programa; **5** correos electrónicos; **6** chatear; **7** copias

3 UN HORARIO MUY APRETADO
Página 10

Ejercicio 1

	8:30-9:30	9:30-10:30	10:30-11:30	11:30-12:30	12:30-13:30
lunes	Ciencias	Ciencias	Física	Francés	Gimnasia
martes	Matemáticas	Matemáticas	Geografía	Inglés	Inglés
miércoles	Geografía	Geografía		Francés	Matemáticas
jueves			Inglés	Geografía	Ciencias
viernes	Ciencias	Ciencias	Física	Francés	Gimnasia

Ejercicio 2
1 A 8:30; B 11:50
2 A 10:00; B 18:30
3 A 10:30; B 14:15

4 ¡QUÉ CARO!
Página 11

Ejercicio 1
1 D: 5 €; **2** F: 0,60 €; **3** B: 2 €; **4** M: 4,80 €; **5** I: 0,60 €; **6** G: 2,50 €; **7** A: 1,30 €; **8** K: 3,50 €; **9** H: 0,60 €; **10** J: 2,30 €; **11** C: 1,60 €; **12** E: 1 €; **13** L: 5 €

Ejercicio 2
1 Dos kilos.
2 Naranjas, plátanos y peras.
3 Chuletas de cordero, salchichas, jamón y huevos.
4 Medio kilo.
5 El jamón.

5 INFORMACIÓN SOBRE ESPAÑA
Página 12

Ejercicio 1
Superficie: 504.782 km²
Kilómetros de costa: 3.904 km
Kilómetros de fronteras terrestres: 1.945 km
Población: 40.847.371 habitantes
Capital y población: Madrid, 5.423.384 habitantes
Principales ciudades españolas en cuanto al número de habitantes: Barcelona 4.805.927 habitantes, Valencia 2.216.285 habitantes y Sevilla 1.727.603 habitantes.
Esperanza de vida al nacer: Hombres: 75 años; Mujeres: 80 años
Número de hijos por familia: 2,3 hijos

Ejercicio 2
Respuesta libre

6 ¿SÍ? ¿DÍGAME?
Página 13

Ejercicio 1
Ver audición nr 6, 1ª parte.

Ejercicio 2
A 2; **B** 4; **C** 5; **E** 3; **H** 1

7 DIRECCIONES
Página 14

Ejercicio 1
Ver audición nr 7, 1ª parte.

Ejercicio 2
1 Teatro Cervantes
2 Museo de Arte Moderno
3 Casa de Picasso
4 Plaza de toros
5 Castillo de Gibralfaro

8 ¿DÓNDE PONGO LA SARTÉN?
Página 15

Ejercicio 1
1 servilleta; **2** abridor; **3** copas ; **4** espumadera ; **5** olla; **6** sartén; **7** cazo

Ejercicio 2
Ver audición nr 8.

9 PREPARANDO UN VIAJE
Página 16

Ejercicio 1
1 maleta; **2** cámara de fotos; **3** guía; **4** billetes de avión; **5** cheques de viaje; **6** agencia de viajes

Ejercicio 2
1 A Nueva York.
2 Con sus compañeros de clase.
3 25 €.
4 Un despertador pequeño.
5 En el coche de su madre.

Ejercicio 3
2; 4; 5; 6

10 ¿CÓMO VA TU ESPAÑOL?
Página 17

Ejercicio 1
1 E; **2** F; **3** B; **4** A; **5** G; **6** C; **7** D

Ejercicio 2

	1	2
Nombre de la escuela	Alcázar	Cervantes
Duración del curso	4 semanas	2 meses
Número de horas de clase a la semana	25h	15h
Número de alumnos por clase	5	8
Actividades complementarias	Cocina española Flamenco	No
Precio total	300 €	300 €

11 UN FIN DE SEMANA DE LOCURA
Página 18

Ejercicio 1
1 B; **2** B; **3** B; **4** A; **5** B; **6** A; **7** A; **8** B

Ejercicio 2
Respuesta libre

12 MODELOS
Página 19

Ejercicio 1
1 Sara Castro
2 17 años
3 1,85
4 64 kilos
5 44
6 Empezó a trabajar hace tres años.
7 Ir a la universidad y ser arquitecto.

Ejercicio 2
1 F: José Peña tiene 21 años. **2** V;
3 F: Estudia segundo curso de medicina.
4 F: Desde hace seis años trabaja de modelo profesional. **5** V;

6 F: Su agencia actual se llama Jefes.
7 F: Trabaja los fines de semana, durante las vacaciones y también entre semana.
8 F: Sólo 70 € por hora. **9** V
10 F: Se dedicará a la medicina.

Ejercicio 3
1 Desde que tenía cinco años.
2 Hace un año.
3 Porque no los podía combinar con el trabajo.
4 Más de 3.000 €.

13 DESAPARECIDOS
Página 20

Ejercicio 1

	Diana Ramos	Juan Pérez	Antoñita Ruiz
Edad	12 años	82 años	5 años
Características físicas	Alta Ojos grandes Pelo rubio y rizado Gafas	Pelo blanco Barba y bigote Estatura media	Gordita Pelo negro, lacio y largo
Ropa	Blusa de rayas Pantalón corto Zapatillas deportivas	Camisa blanca Chaqueta oscura Pantalones negros Corbata de rayas	Dos lazos en el pelo Faldita negra Camiseta de lunares
Lugar de la desaparición	El parque	El parque	El supermercado "El más barato"
Teléfono familiar	987- 32 22 97	913- 56 67 87	No

Ejercicio 2
Antoñita Ruiz está en el supermercado. Está jugando a la pelota con otra niña.
Juan Pérez está en el parque sentado en un banco. Está leyendo el periódico.

Ejercicio 3
Respuesta libre.

14 ¿ESTÁ DE MODA?
Página 21

Ejercicio 1
Respuesta libre

Ejercicio 2
chatear, los zapatos de tacón, los piercings, los tatuajes, la ropa de color negro, hacer top-less en la playa, ser ecologista, los abrigos de piel de animal, el teléfono móvil, hacer deporte, la música dance, la ropa de cuero

1 No le gustan porque son vulgares.
2 Que son bastante incómodos.
3 Que es irresponsable.
4 En ocasiones especiales.
5 Depende de cada persona.

Ejercicio 3
1 D; **2** A; **3** B; **4** C; **5** E

15 UN EXTRAÑO SUEÑO
Página 22

Ejercicio 1
a: ayudar, encontrarse
de: acordarse, olvidarse, enamorarse, darse cuenta
con: soñar, encontrarse, casarse, charlar
por: pasear

Ejercicio 2
Ver audición nr. 15.

16 EN LA BOLA DE CRISTAL
Página 23

Ejercicio 1
Ahora; dentro de unos minutos; esta tarde; mañana; pasado mañana; dentro de cuatro días; la próxima semana; el mes que viene; el próximo semestre; el año que viene.

Ejercicio 2
1 F; **2** F; **3** V; **4** F; **5** F; **6** V

Ejercicio 3
A 1; **B** 5; **C** 3; **D** 7; **E** 2; **F** 4; **G** 6; **H** 8

17 HOMBRES Y MUJERES
Página 24

Ejercicio 1
Respuesta libre

Ejercicio 2

Características de los hombres	Características de las mujeres
mayor percepción espacial	tienen más desarrolladas las habilidades sociales
se orientan mejor	
lineales en su pensamiento	mayor capacidad de razonamiento
incapaces de pensar en más de una cosa a la vez	pueden pensar en más de una cosa a la vez
más agresivos, eufóricos e impulsivos	más razonables y reflexivas
	más protectoras de la familia y del hogar

Ejercicio 3

Acuerdo total	Acuerdo parcial	Desacuerdo total
Estoy de acuerdo.	Bueno, depende.	¡Qué va!
Estoy contigo.	Es posible.	De ninguna manera.
Claro que sí.	No estoy seguro de eso.	

18 VAMOS DE TAPAS
Página 25

Ejercicio 1
1 tortilla de patatas; **2** jamón serrano; **3** boquerones en vinagre; **4** paella; **5** queso; **6** chorizo

Ejercicio 2
Ver audición nr. 18.

19 EN LA RESIDENCIA DE ESTUDIANTES
Página 26

Ejercicio 1
visitas, salidas, decoración, fumar, comida, música, limpieza, gimnasio, teléfono

Ejercicio 2
1 Se puede decorar la habitación.
2 No se debe usar chinchetas.
3 No está permitido cocinar en las habitaciones.
4 Hay que comer en el comedor.
5 No se debe fumar en la residencia.
6 Se puede oír música.
7 Se puede usar los teléfonos móviles en el comedor.
8 Hay que limpiar las habitaciones diariamente.
9 No se puede llevar visitas a las habitaciones.
10 Se puede salir hasta las dos de la madrugada los fines de semana.
11 Los residentes se pueden inscribir en las actividades deportivas.

Ejercicio 3
Ana: Esta es la lista de actividades deportivas. Hay muchas actividades.
Carla: Yo prefiero los deportes acuáticos. ¿Hay muchos?
Ana: Sí, mira, aerobic acuático, escuela de espalda, waterpolo…
Carla: ¡Waterpolo! Me encanta, es un deporte muy completo.
Ana: Yo también me he inscrito.
Carla: ¿Hay muchas personas en la lista ya?
Ana: Sí, también se han inscrito dos amigas mías muy simpáticas.
Carla: ¿Sabéis jugar al waterpolo?
Ana: Sí, ellas juegan muy bien. Practican mucho durante el verano.
Carla: Fantástico, seguro que nos irá muy bien.

20 LA PELUQUERÍA
Página 27

Ejercicio 1
Ver audición nr. 20.

Ejercicio 2
María le preguntó a Ana que dónde estaba la peluquería y ella le contestó que estaba justo en la calle de atrás.
Ana le preguntó a María que qué se iba a hacer, ella le dijo que le gustaría teñirse el pelo de rubio y hacerse una permanente. Ana le aseguró que en esa peluquería eran expertos en permanentes. Ana le dijo que el día anterior había pensado ponerse mechas pero que ese día había cambiado de opinión y que se cortaría el pelo y se lo alisaría.
Después Ana dijo que ya estaban llegando a la peluquería
María le preguntó sorprendida que si esa era la peluquería y Ana le contestó que sí, que era muy barata y divertida. Finalmente María, muy enfadada, le dijo que ella era alérgica a los perros.

21 ESPAÑA Y LOS ESPAÑOLES
Página 28

Ejercicio 1
Respuesta libre

SOLUCIONES

Ejercicio 2
comida, tópicos, propina, clima, siesta, rasgos físicos, horarios

Ejercicio 3
1 V; 2 F; 3 F; 4 V; 5 F; 6 F; 7 V

22 COSTUMBRES SOCIALES ESPAÑOLAS   Página 29

Ejercicio 1
1 D; 2 B; 3 E; 4 F; 5 A; 6 C

Ejercicio 2
1 Con un beso.
2 El hombre besa a la mujer.
3 Le cogen la mano o el brazo, le dan palmaditas en la espalda, le tocan la cara, etc.
4 Habla con esa persona aunque no la conozca.
5 Sí, flores, bombones, vino, etc.
6 No, está permitido que la novia llegue tarde el día de su boda, o la chica en la primera cita con el chico.
7 De una y media a cuatro para el almuerzo y de nueve a doce de la noche para la cena.
8 Suelen ampliar el horario hasta las dos de la madrugada.

Ejercicio 3
Respuesta libre

23 LA NAVIDAD   Página 30

Ejercicio 1
1 Nochebuena; 2 Los Tres Reyes Magos; 3 el turrón; 4 las doce uvas de la suerte; 5 el pavo; 6 el belén; 7 el árbol de Navidad; 8 Nochevieja

Ejercicio 2
Ver audición nr. 23.

24 UN POCO DE PRONUNCIACIÓN   Página 31

Ejercicio 1
Ver audición nr. 24, 1ª parte.

Ejercicio 2
Ver audición nr. 24, 2ª parte.

Ejercicio 3
Ver audición nr. 24, 3ª parte.

25 PLANES   Página 32

Ejercicio 1
A 3; B 5; C 4; D 1; E 2

Ejercicio 2
1 llegue; 2 me levante; 3 abra; 4 venda; 5 cumpla; 6 cierre

Ejercicio 3
Respuesta libre

26 DESEOS   Página 33

Ejercicio 1
1 ¡Que lo pases bien!
2 ¡Que descanses!
3 ¡Que aproveche!
4 ¡Que tengas suerte!
5 ¡Que seáis felices!
6 ¡Que cumplas muchos más!
7 ¡Que tengas un buen día!
8 ¡Que te mejores!
9 ¡Que la disfrutes!

27 UNA VIDA SANA   Página 34

Ejercicio 1
1 Cuida tu alimentación.
2 No fumes.
3 No bebas alcohol.
4 Haz un poco de deporte.
5 Duerme ocho horas diarias.
6 Controla tu peso.
7 Visita a tu médico al menos una vez al año.

Ejercicio 2
Ver audición nr. 27, 2ª parte.

Ejercicio 3
Respuesta libre

28 PUBLICIDAD   Página 35

Ejercicio 1
1 vino; 2 detergente ; 3 lavadora; 4 comida para perros; 5 refresco de cola; 6 comida precocinada; 7 gel de ducha

Ejercicio 2
A 8; B 2; C 5; D 6; E 1

Ejercicio 3
Ver audición nr. 28, 2ª parte.

29 SENTIMIENTO ECOLOGISTA   Página 36

Ejercicio 1
Ver audición nr. 29.

Ejercicio 2
1 A Alejandro le preocupa que la gente no cuide la naturaleza, que queme bosques, que contamine los ríos y los mares.
2 Le molesta que la gente no se dé cuenta de que está detruyendo el planeta.
3 Le enfada muchísimo que los gobernantes no dediquen más dinero a este asunto.
4 Desea que todos se solidaricen con la ecología.
5 Le alegra que los jóvenes compartan trabajos de ayuda al medio ambiente.

30 UN EQUIPAJE MUY PESADO   Página 37

Ejercicio 1
1 linterna; 2 cuerda; 3 tienda de campaña; 4 cantimplora; 5 saco de dormir; 6 botas; 7 comida en lata; 8 mochila

Ejercicio 2

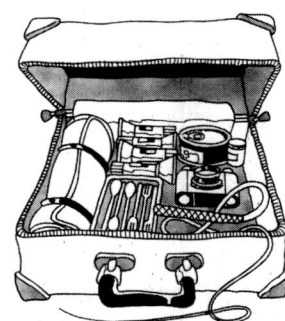

Ejercicio 3
1 Déjalo aquí, no es necesario que lo lleves.
2 Es posible que no haya cubiertos en la casa del campo.
3 Llevo las linternas para que podamos ver en la oscuridad.
4 Las latas son para que podamos comer algo y no nos muramos de hambre.
5 Juanito, allí no hay animales salvajes. No te preocupes.

La siguiente lista contiene todas las palabras que aparecen en las 30 unidades con indicación de la página en la que se encuentran. Si la palabra aparece con mucha frecuencia, recogemos sólo las tres primeras apariciones.

A

a partir de 25
a veces 17, 25
abridor 15
abrigos 21
abrir (v) 10, 22, 32
abuela 13, 32
abundantes 25
acabar (v) 22, 30, 32
acercarse (v) 29
acompañar (v) 25
aconsejar (v) 34
acordarse (v) 22
acostarse (v) 22
actitud 31
actividades 17, 26
activo 36
acto 25
actual 19
además 29, 35, 36
adónde 16
aeropuerto 16
agencia 19
agencia de viajes 16
ahí 25
ahora 13, 19, 23
alcachofas 11
alcohol 21, 25, 26
alegrar (v) 36
alérgica 27
algo 25, 37
alguien 23
algún 30, 31, 35
alguna 13, 16, 17
algunos 9
alimentos 25
alisar (v) 27
allí 19, 37
almorzar (v) 28, 33
almuerzo 25, 30
altavoces 9
altura 19
alumnos 17
amable 14, 28, 31
ambiente 36
amiga 22, 23, 26
amigo 17, 22, 28
amistad 28
amor 36
anda 35
andar (v) 14
animal 21, 37
anoche 22
anterior 27
antes 25, 32
año 17, 19, 23

aprender (v) 17
apretado 10
aprobar (v) 23
aquí 13, 14, 37
árabe 14, 28
árbol de Navidad 30
arquitecto 19
ascensor 29
aseo 22
así 24, 36
asunto 36
atrás 27
aunque 25, 25, 36
autobús 14
autónoma 31
ayer 27
ayuda 36
ayudar (v) 22, 32

B

baca 31
Badajoz 12
bajar (v) 14
baño 24
bar 22, 25, 30
barata 27
barba 22
Barcelona 12
barco 23
barras 25
bastante 17, 21, 31
beber (v) 21, 26
bebida 25
belén 30
beneficioso 34
besar (v) 28
bien 13, 17, 26
bigote 22
billetes de avión 16
blanco 22
bola de cristal 23
boquerones 25
bosques 36
botas 37
buen 31
buena 23, 30, 36
bueno 24, 28, 34
Burgos 10
buscar (v) 25, 35

C

cabina telefónica 13
cada 9
calamares 25
calentar (v) 32
calientes 25

calle 13, 14, 21
calor 22
calvo 22
cámara de fotos 16
cambiar (v) 13, 22, 24
campaña 37
campo 37
canal 24, 30
cansado 36
cantante 36
cantimplora 37
capaz 17
capital 12
caprichos 19
cara 22
características 20, 24
caras 22
carnicería 11
caro 11, 31
carro 31
casa 13, 14, 22
casados 33
casarse (v) 22, 23
casi 30
castillo de Gibralfaro 14
catedral 14
cazo 15
cebollas 11
celebrar (v) 30
cena 25
cenar (v) 28
cerca 13, 32
cercanía 14
cerrar (v) 10, 32
cerveza 29
Ceuta 12
cielo 31
cinco 9
citados 13
ciudades 12, 25
claro 24
clase 17, 22
clavar (v) 31
clavito 31
clima 28
coche 32
cocinar (v) 24, 26
coger (v) 13
colaborar (v) 36
colegas 36
colgar (v) 13
color 21
comedor 26
comenzar (v) 25
comer (v) 26, 29, 31
comida 25, 26, 28

cómo 14, 16, 17
compartir (v) 25
complementarias 17
completo 26
comprar (v) 11, 13, 16
compras 24
comunicar (v) 13
comunicarse (v) 17
conducir (v) 24, 28
conectar (v) 9
conocer (v) 19, 23
contar (v) 22, 36
contestador automático 13
contestar (v) 27
contigo 13, 24
continuar (v) 25
conveniente 9, 34
convertirse (v) 31
copas 15
copias 9
Córdoba 12
corrector 9
corregir (v) 9
correos electrónicos 9
correr (v) 22
cortar (v) 27
corte 25
cosas 13, 16, 22
costa 12
costar (v) 16
costumbre 25, 29
creer (v) 21, 35, 36
cuál 13
cualquier 9
cuando 22, 29, 30
cuándo 9, 19, 21
cuanto 12
cuánto 9, 16, 17
cuarto de baño 24
cuatro 23
cubiertos 37
cuenta 36
cuerda 37
cuero 21
cuidar (v) 32
cultura 25
cumpleaños 33
cumplir (v) 32
curso 17, 32

CH

chaqueta 33
charlar (v) 17, 22
chatear (v) 9, 21
cheques de viaje 16
chica 23

LISTA DE PALABRAS

LISTA DE PALABRAS